ベビー・ヨーガ

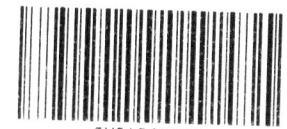

ベビー・
ヨーガ

フランソワーズ・バービラ・フリードマン著
九 島 璋 二　翻訳監修
赤星 里栄　訳

息子ルークへ。あなたがベビー・ヨーガを楽しんでくれたこと、そのことが私がベビー・ヨーガを教えるきっかけとなりました。そして今まで「Birthlight」のクラスに参加してくれたすべての赤ちゃんへ。

A GAIA ORIGINAL

ガイア・ブックスの本は、“自給自足に生きる地球”というガイアの視点を重んじ、読者の皆さまが個人と地球のより良い調和の中で暮らすためのお手伝いします。

Editor	Sarah Chapman
Designer	Sarah Theodosiou
Illustrator	Lucy Su
Photographer	Christine Hanscomb
Managing Editor	Pip Morgan
Production	Lyn Kirby
Direction	Patrick Nugent

First published in the United Kingdom in 2000 by
Gaia Books Ltd, 66 Charlotte Street, London W1P 1LR
and 20 High Street, Stroud, Gloucestershire GL5 1AZ

出版社より

本書の内容を直接的または間接的に使用して苦情や損害を招いたとしても、それによる負債や損失、危険に対して、出版者および著者はいかなる責任も負いません。

読者への注意事項

赤ちゃんに健康上の問題がある場合や、何か特別な症状がある場合は、この本の体操を実践する前に医師に相談してみてください。この本に書いてある注意事項は必ず読んで、各ステップを順番にゆっくりと行い、どの体操でも決していきなりは動かさないこと。ヨーガをする時は毎回、基本の体操を一緒に行うと良いでしょう。この本全体を通して大事なのは、決して無理強いせず赤ちゃんのペースに従って、赤ちゃんの楽しそうな表情に答えてあげることです。

Printed and bound in China

目次

日本語版監修にあたって

この本の素晴らしさは、子育てに、東洋の行法であるヨーガを採用していることです。

しかし、ベビーは自我が未発達ですから、自分の身体感覚に集中すること、即ち調息・調身ができません。従ってベビー・ヨーガと言っても、ベビーに対してはマッサージとストレッチ等の体操が用いられるだけです。これに対し、母親はいわゆるヨーガのポーズこそ行いませんが、母子一体となり、練習を続けることで、心身のリラクゼーションを体験できるようになります。

その結果、ベビーへの捉われの心（心配）が消え、心の深層を流れる無条件の愛が活性化するのです。この事は、現在「切れる」等の問題児に悩んでいる我が国の子育てに一石を投じるものと信じます。

ただここで注意していただきたいのは、ストレッチやひねる体操はヨーガが教えるように、ベビーの体に聴きながら、ゆっくり余裕をもって、やって貰いたいことです。学校で行う体操のように、号令をかけて活発にベビーの体を扱うことは、絶対につつしんでください。

また本書に紹介されているベビー・ヨーガの実技を見ますと、ベビーを「逆さまに持ち上げる」「上に放りなげる」「ストンと落とす」といった具合に、少し危険ではないかと思われる部分があります。勿論随所に詳細な注意が附記されていますが、何等予備知識やヨーガ体験のない女性が、この本を読んで、いきなり実技を試してみることには、いささか抵抗を感じます。説明を読むだけでは誤解もあるし、ふとした不注意から取り返しのつかない事故にもつながりかねません。そこでベビー・ヨーガを実際に行う時には、なるべく多くの情報を集め、どんな取り組み方をしてゆくのか、自分の責任において決めていただきたいと思います。とは言っても我が国の現状は、さしずめ小児科医等の専門家に相談し指導していただくことになると思います。

その意味でも多くのベビー・ヨーガ指導者が養成されて、全国の母親達のニーズに応えられる日が一日も早く来ることを願ってやみせん。

九島 璋二

※なお、監修者として日本の読者に、特に注意していただきたい箇所には**コメント**を付記しました。

著者からの謝辞

まず初めに、ボランティアでこの本に登場してくださった、すべてのお母さん、お父さん、赤ちゃんに感謝します。

ヨーガについての書籍がみんなそうであるように、本書も、たくさんのヨーガの先生方が､代々教えてきた内容を元に書いています。ですから参考にさせていただいたすべての方々、その中でも、ヨーガ教室で赤ちゃんのヨーガというものが認められるずっと前から、ベビー・ヨーガに力を尽くしていらっしゃったMargaret Schofield、Mary Stewartには特にお礼を申し上げたいと思います。

ベビー・ヨーガに関する写真や文章を、製作グループの皆様が力を合わせて、この本に合うように仕上げてくださいました。　私がこれまでたくさんの方々から受けてきた援助や支持なくしては、ベビー・ヨーガを確立することはできませんでした。あまりにたくさんいらっしゃって名前を挙げることはできませんが、皆様に感謝しています。ケンブリッジの「Birthlight」の教室でベビー・ヨーガを広めたパイオニア的存在である、サリー・ロマスの名前だけはここに記しておきます。オーモンド・ストリート大センターで、アシスタントとして支えてくれたアンドレア・ウィルソンの存在も忘れることはできません。ピア・デ・フィリッピとマリオン・オコナー、そしてトレーシー・バロックとはトレーニングの苦労や喜びを分かち合いました。スザンナ・アダムソンの指摘や助言によって、本書はとても内容が濃いものになりました。ロンドンでヨーガを教えられたのは、ヨーガの世界に赤ちゃんを温かく迎えてくれた「Yoga Biomedical Trust」のロビン・モンロー会長の理解と支えがあったからです。本当にありがとうございました。

頭の中にある内容がうまく書けない間もずっと、「Birthlight」の理事の方々には偽りのない寛大さと信頼感とで私を導いていただきました。最後になりましたが、私にベビーケアの方法を教えてくれたペルーのアマゾンに住む心の姉妹たちに、そしていつも赤ちゃんを迎えるために、心と生活のゆとりを持ち続けてくれている私の家族に心からの感謝を送りたいと思います。

序文

赤ちゃんと一緒にヨーガをやること、それはもはや私の人生の一部です。私はそれを自分のヨーガの修行と、アマゾンの密林に住む民族の子育てから学んだことを融合して編み出しました。どちらも私が母親になる前から行っていたことです。最初はベビー・ヨーガを1つの運動としか考えていませんでした。北の寒い国で、まだ立ち上がって動けない赤ちゃんにやってあげる毎日のマッサージやお風呂タイムを膨らませた程度のものと見なしていたのです。子供が生まれるごとに、やり方も発展していき、私の4人目の子、ルークの時は、友人がまたたくまに集まってきて一緒にやるようになり、ベビー・ヨーガを実践する小規模のサークルのような形になりました。今日までベビー・ヨーガの実践クラスが、この時のなごやかな雰囲気を維持してきているのは、一緒にヨーガを行うと、一人一人の喜びやリラックスした気持ちがみんなに波及し、お互いの親近感が増すからなのです。

私が新米の母親だった時に強く影響を受けた本は、ジーン・リードロフの「Continuum Concept」(1975年)とフレデリック・ルボワイエの「Loving Hands」(1977年)の2冊です。どちらも西欧の親たち向けに書かれた本で、赤ちゃんとのコミュニケーションは肉体的な触れ合いと活発な運動によって培うという子育ての仕方が紹介されています。これらの本に書かれたことは、私がまだ若い人類学者として、アマゾンに住む私の姉妹とも言うべき女性たちの子育てを手伝った時の経験と一致しています。私自身がイギリスで子供を生んだ際に病院で体験したことは、全く自分の肌に合わないものでしたから、アマゾンの子育てのやり方を、ベビー・ヨーガを通して自分の子育てにも取り入れました。ヨーガを実践し、人にも教えることで私のヨーガについての知識が増してくるにつれて、ベビー・ヨーガをクラシックヨーガの真髄に忠実に従って発展させていきたいと思うようになりました。赤ちゃんと一緒にヨーガをやることで、健康が促進されるだけではなく、暴力をふるわない心の安定した人間の基盤が作られると私は考えています。

Françoise

はじめに

この本で紹介するのは、生まれてすぐからできる赤ちゃんの運動で、ハタヨーガの基本的なポーズを取り入れたものです。ヨーガを行うと体は刺激を受け柔軟になって、よりリラックスできるようになります。その結果体の状態が良くなり、自分自身と自分の周りの世界との一体感を強く感じることができるのです。こういったヨーガの効用のすべては、赤ちゃんにも当てはまることです。

赤ちゃんにヨーガをやらせると、肉体的な刺激を与えることになります。そして背骨の強化や関節の柔軟性など、全身の機能の活性化を助けるのです。ヨーガのポーズは、感覚、情緒、心理にも働きかけるものです。インドではこれと同じような運動が、乳児へのボディマッサージの仕上げとして、またアーユルヴェーダ式(インドの伝統医学)の赤ちゃんの健康管理に欠かせないものとして伝統的に行なわれています。ベビー・ヨーガを行うと、赤ちゃんに直接的な満足感を与えることができますし、あなたと赤ちゃんの間で言葉を交わさなくてもたくさんコミュニケーションがとれるようになります。あなたがこれまでヨーガを一度もやったことがなくても、赤ちゃんと一緒に最初の動き(32、33ページ参照)をやってみれば、ヨーガ体操の感覚がつかめることでしょう。

この本では、生まれてからの時期を4段階に分けて、段階ごとにヨーガの体操を説明してあります。生後8週まで、8週から4ヶ月まで、4ヶ月から8ヶ月まで、そして8ヶ月以降です。もしあなたの赤ちゃんがスタート時にすでに8週目に入っていたとしても、その時期に当てはまる体操から入るのではなく、生まれてすぐのところからやってみてもよいと思います。逆にスタート時に8ヶ月を過ぎてしまっていても、ヨーガを始めるのに遅すぎるということはありませんが、少しやり方を変えて、より双方向的な動きを取り入れる必要があります。大きくなった自分の赤ちゃんに試してみる前に、この本をまず読んで、生まれたての赤ちゃんにヨーガがいかに効果的かを理解することが大事です。

ほとんどの人が一度に1人の赤ちゃんを生むので、この本では1人の赤ちゃんを相手にする場合を想定しています。双子や三つ子の場合にも、ヨーガは素晴らしい働きをします。赤ちゃんは親に1対1で相手をしてもらえますし、子供同士にもとてもいい影響を与えます。男の赤ちゃんと女の赤ちゃんが交互に登場するのは、男女の性別の公平を期するためです。

赤ちゃんとのヨーガ体操に出産直後の姿勢を取り入れると、母体を再調整し産後の体力を回復させるのにとても効果があります。これまでヨーガをやったことのない人も、この本に紹介してあるポーズを自分の赤ちゃんにやらせているうちに、自分のヨーガ教室を探したくなるかもしれません。あなた自身のヨーガ経験が浅くてもベテランでも、ベビー・ヨーガで赤ちゃんから学ぶことはたくさんあるはずです。

1 ベビー・ヨーガの効用
赤ちゃんにヨーガがなぜ良いか

生まれた赤ちゃんに私たちが与えてあげられる最も豊かな刺激は、おそらく赤ちゃんの体に触れて動かすことによるものでしょう。ヨーガでも親子がペアになって行うことで、こういった豊かな刺激を与えることができます。もちろん赤ちゃんがその刺激を吸収し消化できるようなペースで行います。ヨーガのポーズをとることで大人が心からリラックスできるのと同様に、ベビー・ヨーガで赤ちゃんは十分に満足した状態となり、ぐっすりと眠れるようになるのです。

現代のように目まぐるしい世の中では、赤ちゃんが幸福な人生を送ることができるような基盤を創るために、私たちが赤ちゃんにあらゆる手を差し伸べてあげる必要があります。赤ちゃんはヨーガを手がかりに、ストレスの上手な解消法やリラックス法を知ることができます。ベビー・ヨーガでは赤ちゃんと愛情たっぷりに接します。内容は大胆な動きからおとなしい遊びまでどれも楽しめるもので、それを何度も何度も繰り返して行います。このようにヨーガを基本にした体操を通して楽しみながら刺激を与えることは、赤ちゃんが十分に人生を満喫できるようにするための、最もよい方法ではないでしょうか。

触れる、さする、つかむ、動かすという動作を組み合わせて行うことで、赤ちゃんの複合的な感覚が強く刺激を受けることになります。触れる動作だけでも、全身の器官(呼吸器系、循環器系、消化器系、排泄器系、神経系そして内分泌器系)の働きを良くすると言われています。哺乳類全般の調査結果から、全身の機能の健全な発達に対して、肉体への刺激の重要性が指摘されています。刺激を与えられず隔離された動物と刺激を与えられた動物を比較すると、後者は身体的に目覚しく発育します。体重の増加のスピードが速く、機敏で視力も良く、病気に対する免疫力も高くなります。それだけでなく刺激を与えられないグループよりも、リラックスしていてイライラすることも少なく、むやみに恐がったりもしません。

触れることによる刺激は、脳や神経の機能向上にも役立ちます。赤ちゃんはこれらの機能が未完全のまま生まれてきます。フロリダのある病院では、未熟児の赤ちゃんを毎日マッサージしたり揺らしたりすると、そういった刺激を受けなかった赤ちゃんより神経系の発達が早いという研究結果が出ています。ヨーガを行うことで神経系の全機能が高まり、赤ちゃんの発育プロセスが活発になるのです。

心と体の健康

ヨーガでは、ストレッチの後には必ず力を抜いてリラックスするという具合にストレッチとリラックスを交互に行うので、赤ちゃんは筋肉の伸張と弛緩は互いに補完しあうものだと理解することができます。これによって起きている状態とも寝ている状態とも違う、深い安らぎを体感することになります。このような真にリラックスした状態を赤ちゃんがより体験すればするほど、体、特に胃腸の機能低下を引き起こす緊張状態への対処法が分かってきます。赤ちゃんによくある疝痛(せんつう：腹部または腸の発作的な激痛)の原因は、不快感の積み重ねから起こる緊張状態であることが多いのです。この緊張状態は、いったん体に刻み込まれるとなかなか完全には抜けません。ヨーガをやったあとに心からリラックスしている赤ちゃんを見ると、親は、自分にもできることがあるんだと思えるようになります。

赤ちゃんにとってヨーガは楽しいものでもあり、触れる、動かす、リズムをとる、力を抜くという動作の繰り返しからさまざまな効果を得ています。親のほうも、ヨーガを通してこうした楽しみや効果を赤ちゃんと分かち合っています。赤ちゃんと一緒にヨーガをやるということは、親と赤ちゃんの双方が相手に充分な関心をもって、一緒に遊んだりストレッチしたりリラックスしたりすることなのです。赤ちゃんに触れて刺激を与えたりリラックスしたりすることは、その動作自体にも効果がありますし、それに対して赤ちゃんが返してくれる反応を感じることからも効果が得られます。赤ちゃんと一緒にヨーガ体操をすることはまた、親の筋力を回復させ、どんな母親でもある程度は起こる、出産後のホルモンバランスの乱れを元に戻すのに有効的なのです。

ヨーガとマッサージ

赤ちゃんとヨーガをやる時は、マッサージも一緒に行います。マッサージを先にやるのが理想的ですが、それはごく自然な流れからきています。母親の多くが、赤ちゃんが出てきた時、自分の手で赤ちゃんの体を触ることで無事に生まれてきたことを確認したいと思う気持ちがあり、マッサージはその延長線上にあると考えるからです。マッサージを子育ての一部に取り入れている文化圏はたくさんあります。例えばインドでは、伝統的な慣習として、オイルを使ってのマッサージ、ヨーガの体操、最後に熱いお風呂に入れるというのが、赤ちゃんが生まれた時からの日課となっています。マッサージもヨーガも、インドのそれはとても激しいものですが、西欧社会に導入されているのはもっと優しく行う方法です。

ヨーガ体操を行う前に、まず赤ちゃんの全身マッサージをしてあげたいと考えている人もいらっしゃるでしょう。簡単なマッサージ法は30、31ページに紹介してあります。もしマッサージにあまり興味がなかったり、マッサージとヨーガの両方をやるのは時間が長すぎると感じていらっしゃるなら、いきなりヨーガの体操を始めても結構です。ヨーガをやっていけば、そのうちマッサージも出てきますから。どの体操にも、赤ちゃんに服を着せたままでできるものやオイルを使わなくてもできるものなど、何らかのマッサージが含まれています。赤ちゃんにヨーガ体操をさせる時は、いつも赤ちゃんの両手、両足とお腹をマッサージしてあげましょう。そうすることで全身マッサージをしていなくても、赤ちゃんはマッサージ効果を得ることができます。

父親も

親と子供の絆というと、これまでたいていの書物は、母親と赤ちゃんの絆に関するものでしたが、父親と赤ちゃんとの結びつきもまた重要です。父親も、赤ちゃんと肌と肌で分かり合う関係をつくるために、マッサージとヨーガの両方を行うのが理想的です。そうすることで赤ちゃんの成長に積極的に貢献することができるのです。

ヨーガの癒し効果

ヨーガによって刺激されるのは、神経系や内分泌系を含んだ全身の機能そのものだけではありません。肉体が潜在的に持っているエネルギーの温床も刺激されるのです。妊娠中にヨーガをやっていた母親には分かると思いますが、深呼吸には、お腹にいる赤ちゃんを刺激すると同時に落ち着かせる力があります。そしてそういう母親から生まれた赤ちゃんは、お腹の中で体験したことを身に付けて外の世界へと生まれてきます。

ヨーガを行うことで、脳の発達の初期段階から赤ちゃんの神経器官にインプットされてきた記憶や意識を、全てしっかりと脳にとどめておけるようになります。特に母親と一緒に心からリラックスすると、この連続性が引き出されます。赤ちゃんが1日のほとんどを母親と密着して過ごすのが一般的という文化圏でもこの傾向は見られるのですが、それでもヨーガで得られるリラックス状態の中で徐々に再構築する必要があります。

このように赤ちゃんと一緒にヨーガをすることは、難産だった親子も含めて全ての親子に効果があります。ヨーガをやりながら親と赤ちゃんが動いたりリラックスしたりすることが、辛かった出産時の記憶を解きほぐし、快感の極みにまで持っていく手助けとなります。それだけでなく、赤ちゃんと一緒にリラックスする時間を利用して、出産時や出産後に中断されてしまった恐れのある、赤ちゃんとの絆を新たに結ぶこともできるのです。

周りの世界を感じる

赤ちゃんがすこやかに成長するのに、感覚的な刺激が必要だということは、誰もが認めることですが、その感覚的刺激を何から得るか、刺激の量、刺激の仕方、そして刺激の質などの中から、どれが最も重要なのかについては論議されるところでしょう。かつての日本などのいくつかの文化圏では、赤ちゃんが生後6週間までの間は、外部からの刺激をほとんど与えないのが慣わしになっています。これに対してアメリカやヨーロッパでは、生後すぐから、赤ちゃんの周りには、感覚を刺激するような色鮮やかでするどい音の出るおもちゃなどがあふれています。

ヨーガによって与えられる初歩的な感覚刺激は、赤ちゃんと親の日常的な触れ合い方を少しだけ大きく派手にした程度のものです。赤ちゃんは人間の顔が大好きで、自分の全感覚を使って自分のお母さんの顔を見分けていますし、お父さんが一緒にいることが多い場合はお父さんの顔も同じように見分けています。赤ちゃんと一緒にヨーガをやると、あなたが赤ちゃんを見れば赤ちゃんもあなたを見るということに気づくでしょう。あなたが話しかけたり歌ったりすればそれに答えますし、動いているときなどはとても敏感ににおいを感じています。赤ちゃんは触れられることにも敏感なので、その触れ方ですぐに自分の親かどうかを見分けられるようにもなります。

ヨーガで、触覚の次に刺激を受けるのは視覚です。これは親が赤ちゃんに顔を近づけたり遠くに離したりする動きの中で刺激されます。赤ちゃんはヨーガのいろいろなポーズを通して、次々に親の顔の遠近感が変化することを学ぶのです。どれか1つの感覚だけを刺激しようとしたり、優先順位をつけて刺激しようとしたりするのはよくありません。赤ちゃんが体験するヨーガは、全ての感覚が刺激され、それぞれがバランスよく育っていくように行うのが一番いいのです。

ヨーガは、平衡感覚と高さの感覚をつかさどる「前庭機能」へも刺激を与えます。赤ちゃんを抱える、赤ちゃんと一緒に動くというヨーガの基本原則に従えば、赤ちゃんは親から絶えず直に刺激を受けることになります。これは人間の進化の過程を通して赤ちゃんが生まれながらに持っている権利とも言うべきものですが、最近は少し重要度が落ちているようです。

赤ちゃんが自分の親の声や目、触れられた感覚、においに対してする反応は、その体験でわき起こった感情の直接的な現れでもあります。赤ちゃんとヨーガをやりながら、親も自分の感覚を徐々に研ぎ澄ましていくと、赤ちゃんの反応も大きくなります。ヨーガで感覚刺激を与える時に大事なのは、必ず赤ちゃんを温かくて愛情あふれる腕にしっかりと包み込みながら行うということです。ヨーガが目指すのは、赤ちゃんの楽しいという感情をできる限り育ててあげることなのです。感覚刺激は、赤ちゃんと一緒にヨーガをやることで密度の濃い交流が生まれた結果の副産物であり、ヨーガの目的そのものではないのです。

ベビー・ヨーガの効用

身体的効用

- 短い1セットを行うだけで、赤ちゃんが一日中抱かれていた場合に得られるのと同じ運動量が得られます。このように体を使うことでより深い睡眠ができるようになります。
- 赤ちゃんの様子がより落ちついたものになります。
- このヨーガを日課とすることで、赤ちゃんと生まれたときから積極的に関われます。

生理的効用／発育面

- 消化器系と神経系統を含めた体の全組織が刺激を受けます。

心理的効用

- ベビー・ヨーガを行うことで、あなたも赤ちゃんもお互いに相手をよく知ることができ、意思疎通が高まります。
- 出産時の辛い経験を癒してくれます。赤ちゃんの方もショックからうまく立ち直れるようになります。
- ヨーガによって得られるよい緊張感を満喫することで、将来の困難にも対処できるようになります。
- 両親から充分な注目を受けることで、他人との交流の仕方を学び積極的に遊ぶようになります。
- ヨーガによって心からのリラックス感が得られるため、両親にとっては、生まれたばかりの赤ちゃんの世話という日ごろの育児ストレスを解消できます。

コミュニケーションを高める

ヨーガを行うことは、言葉で会話するのと同じように、赤ちゃんと無言の会話をすることです。ほとんどの人は、生まれたばかりの子供とのコミュニケーションの取り方を、自分が産んだ子から学ぶしかありません。そのためにはあなたが、赤ちゃんが体験していることをそのまま受け止める存在になる必要があります。子育てに関する自分の思惑を少し忘れて、赤ちゃんの感覚世界や反応に没頭するように心がけて下さい。ヨーガでは、コミュニケーションを取ることが最も赤ちゃんに刺激を与えることになるのです。赤ちゃんにヨーガをやってあげるのではなく、赤ちゃんと一緒にヨーガをやるのだということを、常に忘れないようにしましょう。

自己認識と受容

赤ちゃんとのヨーガを始める前に、まずその子のことをよく見て耳を傾け、その際自分が持った感覚とその子に対して自分が行った反応を認識します。クラシックヨーガの肉体的、瞑想的側面につながる、自己認識と受容という2つの簡単な作業を行えば、落ち着いた状態で赤ちゃんとの体操を始めることができるのです。

直立のポーズ

「Tadasanaターダ・アーサナ」、つまり直立のポーズを、大人のヨーガ体操では基本的にあらゆる立ちポーズの最初と最後に行います。新しい赤ちゃんが生まれて自分の人生が一転した時にも、ターダ・アーサナを行うことによって、自分が存在しているのは自分のためであり、ゆえに赤ちゃんのためでもあることを認識できるのです。1つの体操の切れ目や途中のどんな時でも構わないので、動きをやめて立ち、息を吸って吐いて、自分の存在を感じましょう。

- 両足をそろえるか、ほんの少しだけ開いて足をしっかりと床につけて立ち、背筋をできるだけまっすぐ伸ばすようにします。最初はヒザを曲げて、壁に背中をピッタリとつけてやってもいいでしょう。
- 両肩、首、両腕の力を抜いて、まっすぐ前を見ます。背中が床と垂直になるように注意しましょう。
- あなたは地面と空の間に立っています。思い切り息をして、今この瞬間の充足感に浸るようにします。気持ちを新たにして、自分の足元に地面、自分の前方に新しい地平線を感じましょう。

この練習を行えば、立っていない時でもターダ・アーサナの境地を体験することができます。ただ今そこに立っているというだけではない世界をいつでも感じられるようになるのです。

意識的な呼吸

赤ちゃんは泣いて不快を訴え、それに対し私たちがボディランゲージでどう答えたかを感覚的にとらえます。赤ちゃんが泣くと、私たちは泣きやませるために何か行動をおこします。泣き声に反応すると、ストレスを感じた時に分泌されるホルモンが血液に流れ込み、血圧や呼吸や筋肉の緊張感が上昇します。呼吸を意識的に行う力を高めれば、緊張した時にもその緊張がそれ以上大きくなるのを防ぐ強力な武器となります。

- まず自分の呼吸を感じます。緊張している時、呼吸は速くて浅くなりがちです。息をゆっくり深く2、3回かそれ以上吐き出しましょう。必要ならば「ハー、ハー」と声を出しながらでも良いと思います。
- 次に腹式呼吸で息を大きく吸い込みます。腹式呼吸のやり方が分からなければ、お腹に手をやって、息を吸ったときはお腹が膨らんで息を吐いたときはへこむかどうか確認しましょう。息を充分に吸ったり吐いたりして、呼吸そのものを楽しみます。全身が自分の呼吸の波に乗っていくのを感じましょう。

このあと更に2、3回呼吸をしてから、赤ちゃんの要求に答えてあげましょう。今度は前よりも赤ちゃんの要求が何なのか、格段に分かるようになっているはずです。あなたが落ち着けば、その感情が赤ちゃんにも伝わり、赤ちゃんの感情も安心して落ち着くのです。

心配の解放

赤ちゃんの健康を心配しすぎてしまうのは、赤ちゃんとの間に親密な関係が不足している証拠です。父親はもちろんのことですが、母親も、自分に子供が生まれるまで赤ちゃんを抱いたことのない場合がほとんどですから、育児のプロや他の母親などからいろいろなアドバイスを受けて混乱してしまうことがよくあります。赤ちゃんが最も満足感を得られるのは、親とのシンプルな肌と肌との触れ合い、感情のこもったコミュニケーションなのですが、それが忘れられてしまうことが多いのです。

- ベビー・ヨーガで赤ちゃんと「会話」するためには、必要以上に赤ちゃんのことを心配しないようにします。何かしら気がつくことはあるでしょうが、それをすぐに心配する必要はないのです。気づいたことは次の行動のヒントになり、以下のような想像を働かせながら呼吸を感じれば、たいていは心配しないでいられます。
- 息を吐く時に心配も一緒に吐き出すようにしましょう。その日の心配事や現時点での人生の心配事を、小さいものから大きいものまで全て解放してやるのです。
- 息を吸う時はこういった「心配事の雲」の上に広がる真っ青な空を見上げるつもりでしましょう。もう一度息を吸って心配事を吐き出すと、より純粋な状態になれます。その状態がまさに赤ちゃんと同じ状態で、赤ちゃんがあなたに求めている状態なのです。

「ベビー・ヨーガはケイティーにも私にもとても効果がありました。彼女は自分が注意を向けられるのが好きで、私にたくさん笑顔を見せてくれました。私がベビー・ヨーガから学んだことは、赤ちゃんの要求に耳を傾けること、そして何を私たちに伝えようとしているのかを見分けることです。」

感情の認識

出産時に経験する感情に対して、事前に心の準備をしておくすべはありません。出産後、特に最初の子供を出産したあとの感情は、新しく親になった人たちすべてにとって未知の領域ですし、お祝いのカードや花、プレゼントなどとともに赤ちゃんが病院を退院してくれば、そこからは自分たちで感情のコントロールの仕方を見つけていかなくてはならないのです。

毎日赤ちゃんと触れ合い、一緒に遊び、一緒にリラックスしたりして接していれば、赤ちゃんと一緒に自分も変わっていくことや、そういう触れ合いがとても楽しく刺激になることが分かるでしょう。最初の4ヶ月間は、ただ必要な時に赤ちゃんの世話をするだけではなく、絶えず触れ合った状態で一緒に過ごすことが生きていく上で欠かせないのです。

初めて母親になった女性は特に、ホルモン分泌の変化や睡眠不足、授乳の責任などで弱りやすくなっています。父親にとっても新しいことへ挑戦することになるわけですが、ヨーガを行えば、父親にも赤ちゃんの育て方や絆の深め方が分かるようになります。そして、親としての能力が高まるにつれ、結果的に父親と母親の間のコミュニケーションもより活発になることが多いのです。

「ベビー・ヨーガは、妊娠中から長時間におよんだ出産、出産後の最初の2、3週間と、私と赤ちゃんが抱え続けていたストレスや緊張感を解きほぐし、なくしてくれたような気がします。」

精神の安定

ヨーガを行う重要な目的の1つとして、不安定な感情を落ち着かせること、つまり気持ちを静めながら心を開くことが挙げられます。ヨーガ体操によって、精神の鎮静作用がある2つのホルモン、エンドルフィンとプロラクチンの分泌量が増えると言われています。赤ちゃんと一緒にヨーガを行うことで、毎日の親と赤ちゃんの肉体的交流は密になりますし、更にマッサージと入浴も静かにゆったりとした気持ちで行えば完ぺきです。ヨーガをやったあとに、赤ちゃんと密着して一緒にリラックスするのも効果的な方法です。そうすることで意識的な呼吸ができるだけでなく、自分の内なる「赤ちゃんの喜び」の原点を発見もしくは取り戻すことができるのです。

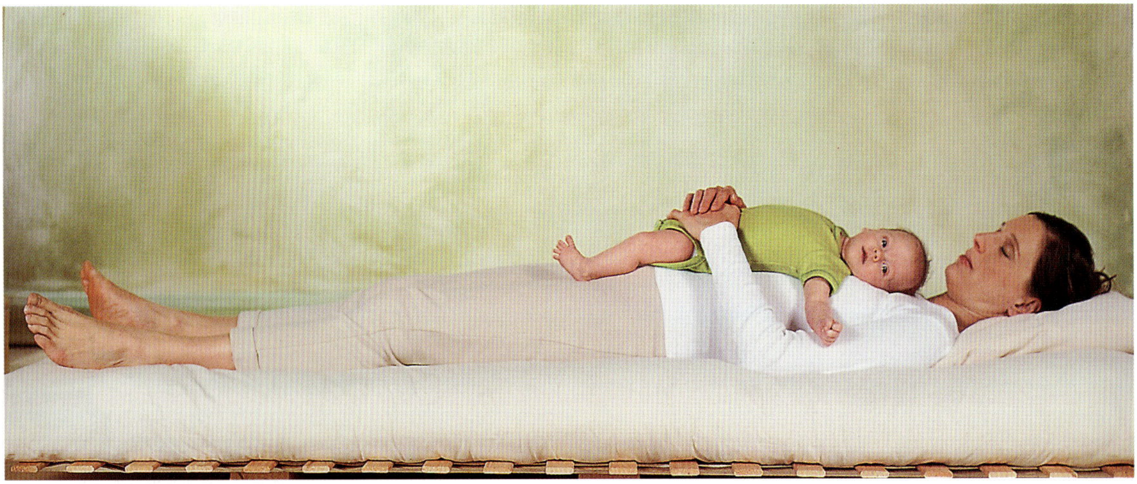

ヨーガをやって十分にリラックスすると、心に余裕も生まれ、まず感情を認識してから、放散したり吸収したりすることができるようになります。完ぺきな親になろうと必死になっている場合、他人とうまく付き合えているようでも、何か自分に汚点があると思ってしまったり、一日をどうやってやり過ごしたらよいのか分からなくなって2、3時間の「ベビー・ブルー」に陥ったり自分は親失格だと深く落ち込んでしまうこともあるかもしれません。ストレスをなくして自分の感情を、肯定的であれ否定的であれ認識するためには、定期的に肉体を解放してやる時間が必要なのです。

気持ちを落ち着かせる瞑想

自分が望まない感情が起こっている時や、夜の授乳のあとに眠れなくなった時、次に紹介する簡単な瞑想を行うとよいでしょう。

- まず今ある苦痛を認識し、そのまま感じてみます。認識したことを小さく声に出し、体全体でそれを体験するのです。そのあとに、今とは反対の肯定的な感情について考えます。簡単にはできない時もあるでしょう。はっきりと口に出して言い、その自分の言葉をよく聞くのです。必要なら何度か繰り返しましょう。
- 今度は、赤ちゃんの感情をはぐくむ元である自分の心の中に意識を集中させます。目を閉じて、息を吐くごとにこのような肯定的な感情を何かの形や姿、色に置き換えます。そして感情が広がっていく様をよく見て、それを自分の心の中で大切にしまってから目を開けます。

問題が深刻になっている場合は、この瞑想では解決できませんので、きちんと対処する必要があります。しかしいつもより深い孤独感に陥ったり自分の気持ちを友人に打ち明ける機会がない時などは、物事を違う角度から見ることによって、現実から逃げることや心の中に否定的な感情を生み出すことを避けられます。

自己の観照

ヨーガでリラックスすると、どれだけ自分の気分が赤ちゃんに反映されるかが分かるので、自分の暗い気持ちを赤ちゃんに移さないように気をつけるようになります。赤ちゃんと接している時に心の乱れを感じる場合は、まず自分自身の状態を見つめてみるというのが、この「自己の観照」の原則です。私たちはすでに赤ちゃんに対して無条件の愛情を持っているはずなので、赤ちゃんを見れば自分の状態が一番よく分かります。自分の感情を認識することは、本当の自分自身をさらけ出すことになり、赤ちゃんが、私たちの本当の気持ちとうわべの表情との違いに混乱することもなくなります。赤ちゃんというものは常に、本当の気持ちに反応します。時には自分の気持ちを口に出して言うと、親の本心から出た愛情を赤ちゃんが直に受け取ることができて効果的です。思いやりの気持ちと共感を教えるということにかけても、赤ちゃんは私たちの一番の先生です。

赤ちゃんの感情

赤ちゃんは感情を体で表現します。生まれたばかりの子が手を振ったり、生後4ヶ月の子が足を蹴ったりするのは、明らかに何かを伝えようとしていると分かりますが、赤ちゃんの世界にもっと近づいていくと、他にもいろいろなサインを見つけることができます。赤ちゃんはすぐに大きな反応を返すものなので、赤ちゃんの泣き方の違いをより正しく見分けることができれば、その要求に対して的確に答えてあげることができるのです。

「喜びの上昇スパイラル」

あなたが赤ちゃんに幸せを与えれば与えるほど、あなたが赤ちゃんから受け取る幸せも増します。これが、喜びがうずまき状に上昇するということです。若くして子供を持った場合、外からのプレッシャーや自信のなさから、自分の能力を信じたり赤ちゃんの誕生を喜んだりできなくなって、不安にかられてしまいがちです。赤ちゃんと一緒にヨーガを行うと、このような心配もなくなり、親と赤ちゃんが幸せを分かち合い強く結びつくようになる前向きなプロセス、「喜びの上昇スパイラル」に乗れるようになります。うずまきの中心にある1番から初めて、2、3と進んでいきましょう。

1　触れることと動くことで、親子の間のコミュニケーションを育てる

- 感覚刺激は、情緒と切っても切れないものです。赤ちゃんの感覚にインプットされるのは快感と不快、喜びと痛み、安心と不安といった感情です。
- 赤ちゃんは私たちの感情にとても敏感で、強い反応を示します。

5　うずまきの拡張に従って促進されること

- 活発なコミュニケーション。
- 幸福感とそれを赤ちゃんと分かち合う幸せ。
- 信頼感。
- 楽しいという意識。赤ちゃんと遊ぶのは最も大切な時間だと見なすようになります。
- 人生への前向きな気持ち。人生は目一杯楽しむものだと思うようになります。

4　「喜びの上昇スパイラル」に乗れば、親は他人からの期待を忘れることができ、赤ちゃんが楽しく生きているのを自分も純粋に楽しめるようになります。これが子育てをしていて1番楽しいことなのです。

2　触れることと動くことで、赤ちゃんは体で喜びを経験し、その状態を楽しむ

- 私たちは、赤ちゃんの喜びを感じたうれしさを赤ちゃんに反映します。
- 赤ちゃんは私たちのうれしさを受け止め、満足します。

3　ヨーガ体操のレパートリーを増やしていくと、この喜びのうずまきはどんどん広がっていきます。そしてリラックスすることで、赤ちゃんとの友好的な体験が体内に吸収されて、残っていたストレスや小さなトラウマまでもがなくなり癒されます。

6　広がっていくうずまき上で、親が再発見すること

- 創造的な遊びのもつ力。
- 他人が喜ぶ姿に喜びを見出す魅力。
- 前向きな感情が肉体にもよい影響を及ぼすこと。
- 子育てとは親子が共に日々成長していくものだということ。
- 赤ちゃんがいることで経験する、さまざまな気持ちの浮き沈みや変化に耐えられるのは、愛があるからだということ。
- 何であれその瞬間に感じた感情を偽らず、赤ちゃんと自分自身のために自分をさらけ出すこと。

7　毎日自分をさらけ出すことで、毎日少しずつうずまきが広がっていきます。

2 生後8週まで
抱きかかえからストレッチ

生まれてから8週までは、母親にとってとても忙しい時期です。ベビー・ヨーガは、赤ちゃんの要求だけでなく、そんなあなたの要求にも答えてくれるものです。ヨーガは基本的にリラックスするために行うことなので、まず赤ちゃんがそばにいることだけを感じ、その他のことはすべて忘れることから始めるのが良いやり方です。ベビー・ヨーガは、初めて自分の腕に赤ちゃんを抱いた日から始めることができます。

新生児の赤ちゃんとヨーガを行う時は、抱きかかえとストレッチの両方で赤ちゃんの要求を満たしてあげなければなりません。赤ちゃんが子宮内でまだ体を自由に動かしていた頃のことを思い出してください。その時と同じように赤ちゃんに、ストレッチによって体を伸ばし、うつ伏せや仰向けになって背骨が伸びる感覚を味わわせてあげることが必要です。一方で、生まれる直前と同じように、足を曲げ背中と首をしっかり支えられた状態で抱きかかえられる必要もあります。最近の母親は出産後、起き上がれるようになるとすぐに活動する傾向にあり、その結果赤ちゃんもより早くから活発に動くことになります。しかし母親も赤ちゃんも動くことと休むことをバランスよく行わなくてはなりません。この章でも、赤ちゃんの誕生から数週間はこのバランスに気をつけたヨーガ体操を紹介しています。

生まれたばかりの赤ちゃんとのヨーガでは、胎児の時の縮こまっていた体勢から背骨を徐々に伸ばしてやり、首のすわりや筋肉の発達を助けます。（成人の筋肉が全体重の半分なのに対し、生まれたばかりの赤ちゃんは4分の1しかありません。）また腕や足といった四肢を伸ばしてあげることで、腰や肩、ヒザ、ヒジの関節が開かれます。

赤ちゃんとのヨーガ体操には、ヨーガの基本がすべて含まれています。目的を定める、ストレッチによるウォーミングアップ、体の主要な器官と機能を刺激し筋肉を鍛えるポーズや動き、これらに伴う深いリラックス、そしてこれらに瞑想が加わる場合もあります。1つの体操にかかる時間は10分くらいですが、リラックスの時間はもっと長くとりたいと思うこともあるでしょう。そのうちに毎日のベビー・ヨーガの時間だけでなく、赤ちゃんを抱き上げたりどこかへ連れていったりする時、赤ちゃんと一緒に立ったり座ったりする時、その他普段赤ちゃんと接するあらゆる時に、ヨーガの要素が重要な位置を占めるようになってくることでしょう。

まず始めに

ベビー・ヨーガは、あなたと赤ちゃんがお互いに気持ちよく満足のできるやり方で始めることが最も大切です。あなたと赤ちゃんは、手や赤ちゃんを支える体の部分だけで接するのではなく、視線や声、感覚も使って意思疎通をはかります。生まれたばかりの赤ちゃんとのヨーガはゆっくり優しく行い、その子の成長に合わせて激しくしていきましょう。赤ちゃんは1人1人違うので、年齢に関わらず、まずその子の反応を見ることによって、どんな体操をいつやるかおのずと分かってきます。ヨーガをやる時、赤ちゃんの服を脱がせる必要はありませんが、周りが十分に温かければ、服を脱がせてやった方が喜ぶ場合もあります。ただ、赤ちゃんの靴下は必ず脱がせましょう。なぜならつかみやすいだけでなく、触ったりマッサージしたりする時に裸足のほうが効果的だからです。

いつやるか

ベビー・ヨーガに適した時間などというものは特にありません。もうお気づきの方もいらっしゃるかも知れませんし、まだの方もすぐに分かると思いますが、自分で習慣を作りあとはそれに従えばいいだけです。できる時にやればいいという具合に柔軟に考えましょう。

1週間、2週間と日を追うごとに、ヨーガの主要な体操だけでなく、ヨーガの動きをベースにした抱き方、ストレッチ、リラックス法など応用の動作が毎日の子育てに取り入れられていくことでしょう。1回に2、3分の体操をやるだけで、あなたと赤ちゃんが一緒に上手になっていくための土台がしだいに築かれていきます。効果を最大限に得るためには、短い時間でも毎日やることです。親子とも調子が悪い日でも、リラックス法だけはやれるはずです。こうすることで、またポーズをとれるだけ回復した時に、スムーズに再開することができます。再開する時は、最初の何日かを前の状態まで体を戻すことに充てましょう。

夜、特に赤ちゃんが落ち着かせたいような時が、ヨーガの基本体操に最も適した時間かも知れません。マッサージも合わせて行い、お風呂に入れれば、赤ちゃんは心地よい疲労感に陥って、ぐっすり眠れることでしょう。他の子供たちも一緒になって、家族みんなでヨーガを行う時間も、みんながそれぞれに楽しみながら、赤ちゃんとも触れ合えるので良いと思います。逆に、仕事や他の子供の相手でなかなか時間が取れない場合は、朝なら赤ちゃんと親密な時間を過ごせることでしょう。

「私が私の双子たちとヨーガを始めたとき、目の前の霧が晴れたような気がしました。子供たちとの間に、1日のうち何回かは親密な関係を築くことができるようになったのですから。」

どこでやるか

ベビー・ヨーガは、自宅でも赤ちゃんと一緒に出かけた先でもどこでも行えます。もしスペースの余裕があれば、家の中にヨーガ専用のコーナーを設け、床か低いベッド、布団などにマットを敷いて、クッションやクッション性のあるイスなどを置くとよいでしょう。あなたがストレッチする時のために、何も置いてないすっきりした壁際が理想的です。赤ちゃんのオムツ変え用の台やテーブルの上なども、高さが適切で、なおかつ赤ちゃんを動かせるスペースがあるなら、ヨーガに適した場所と言えます。あなたがイスに座ってやる方がやりやすいなら、赤ちゃんをテーブルに寝かせて、その正面にイスを寄せて高さを調節します。赤ちゃんの下には、どこへでも持っていける専用の毛布やマットなどを敷いてあげましょう。そうすることによって習慣の連続性や認識を感じやすくなり、赤ちゃんのヨーガ体操に対する親しみも増すのです。

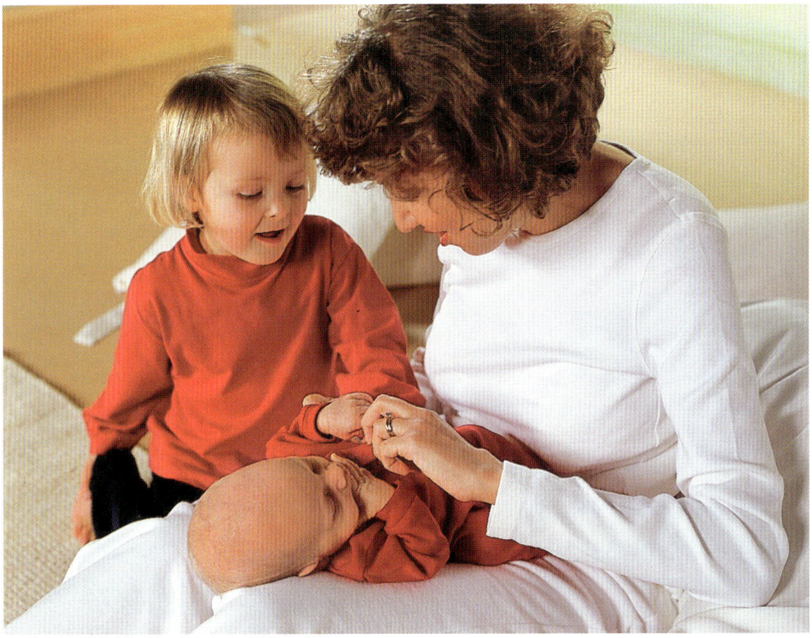

ヨーガモードに入る

赤ちゃんとのヨーガは、気持ちの準備ができている時に行うということが大切です。すべて用意が整っても、ヨーガをやる気になれない時もあります。自分がヨーガに没頭できないような時に、無理にやろうとしたり、赤ちゃんにそういう素振りを見せたりしてはいけません。あなたの感情は、あなたと赤ちゃんの間で交わされるものの1つですから、ヨーガを始めて間もない頃は、あなたがやる気になるまで待つのが1番です。もっと経験を積んでよりリラックスした感覚を得られるようになったら、ヨーガを始める時の自分の気分がどうであれ、ヨーガを活用して「喜びの上昇スパイラル」に乗ることができるようになります。

あなたがやる気になっても、赤ちゃんがやりたくないと感じていることもあります。泣いていたり不機嫌そうだったら、別の機会まで待ちましょう。赤ちゃんがあなたと一緒にヨーガを楽しんでくれる時間は、いくらでもあります。赤ちゃんの気分に合わせ、何事も強制したり無理強いしたりしてはいけません。赤ちゃんと一緒にヨーガの経験を積んでいけば、赤ちゃんはあなたとヨーガをやるのを楽しみにするようになってきますので、あなたがやる気になると赤ちゃんの方もすぐに準備が整うようになります。

どんな体勢でやるか

生まれたばかりの赤ちゃんには、できるだけあなたの近くで触れ合う必要がありますので、最初にヨーガ体操をやる時は、自分のヒザに赤ちゃんを乗せるのがベストです。これなら触れ合った体の温かさに安心しますし、すべての感覚が刺激を受けるのにちょうどよい距離もとれます。この体勢なら、赤ちゃんが必要とする抱きかかえとストレッチの両方が可能になるのです。

まず、自分自身が楽な姿勢をとらなくてはなりません。ベッドの上でもソファやイスに座っていても、必ず背中はきちんと支えておきましょう。背中を支えるものがないほうがいいという場合は、必ず力を抜いて背中をまっすぐにし

赤ちゃんの個性

赤ちゃんの個性は1人1人みんな違いますし、成長していくに従って変化していくものでもあります。赤ちゃんとヨーガを行う時は、その時その子が求めているものを満たすやり方で行いましょう。活発なリズミカルな動きで喜ぶ時もあれば、穏やかに接した方がいい時もあります。あなたの感覚はすぐに敏感になるでしょうから、赤ちゃんの個性も分かるようになります。赤ちゃんのことを理解できるようになるとは、つまりその子のあるがままを受け入れてそれを愛し、それに合わせて行動することなのです。

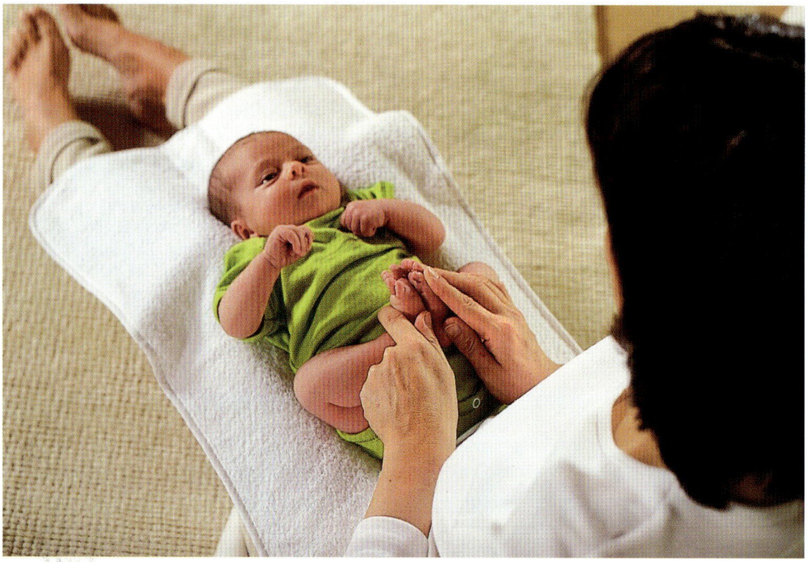

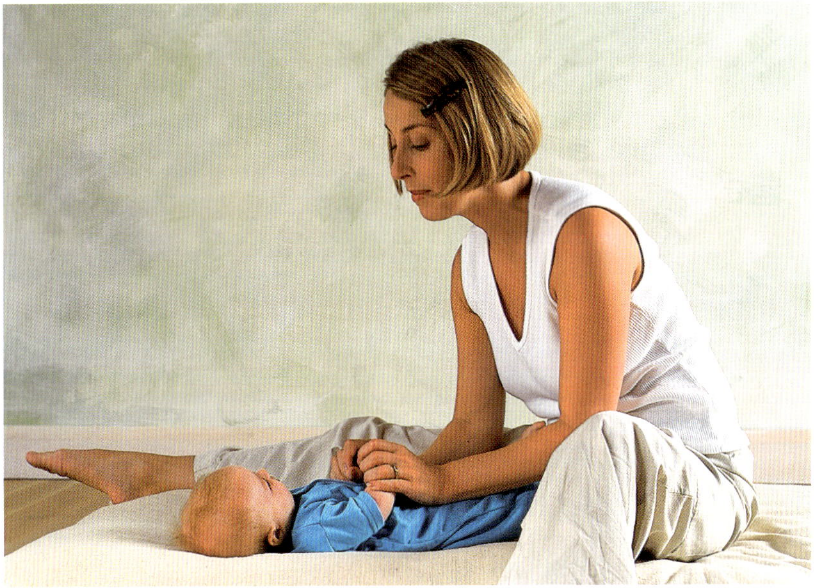

て座ります。帝王切開だった場合は、座った体勢での深呼吸を可能にするために下腹部を圧迫しないように気をつけましょう。大小さまざまのクッションを活用して、最も良い姿勢になるように工夫します。両脚は曲げていても伸ばしていても構いません。ヨーガでは、腰を起点にしてそこから徐々に動かすのが基本中の基本です。そうすることによって、ストレッチをしたり腕を曲げたりしてもエネルギーを骨盤の中心に保つことができるのです。

初めてヨーガをやる時には、次に挙げた姿勢の中から1つを選んでください。どの姿勢をとっても、背骨を強化し体力を促進させることになります。（これは全部あなたの体についてです。）

1　背中をまっすぐにして（支えのあるなしに関わらず）、脚と垂直になるように伸ばします。赤ちゃんを、太ももに乗せるか脚を開いて間に寝かせ、顔が向き合うようにします。
2　背中を床から30度の角度のところで支え、ヒザを適度に立てます。赤ちゃんを太ももに、頭を上にして乗せます。
3　うつ伏せに寝ます

上記のような姿勢をとると、背骨や背筋、首がより意識されます。いずれの場合も背中はできるだけまっすぐに伸ばし、深呼吸によって腹筋がいかに刺激されるかを感じましょう。

首の反射作用のせいで、赤ちゃんは長時間見つめ合っていられず、顔が左右のどちらかに向いてしまうかもしれません。これは赤ちゃんがあなたを無視しているからではないので、赤ちゃんがそっぽを向いても言葉と手で会話を続けましょう。2番目の姿勢であれば、赤ちゃんは斜めに立てた両太ももの谷間に寝ているので、顔がまっすぐ前を向いた状態でアイコンタクトを続けることができます。

チェックポイント

- 腰は充分に支えられていますか。
- 高さ調整のために太ももと赤ちゃんの間にクッションを置く必要はないですか。
- 赤ちゃんの体に手を置いている間、胸を開いて姿勢良くしていられますか。
- 首の力は抜けていますか。
- 脚で赤ちゃんを包み込んだまま、自分の両腕を赤ちゃんの頭上に無理なく伸ばせますか。

意思疎通

ヨーガとマッサージを組み合わせる場合も、ヨーガだけを行う場合も、まず「赤ちゃんに聞いてから」やらなくてはなりません。直接体に触れ、これからヨーガ体操を始めようと思っていることを赤ちゃんに伝えるのです。手を赤ちゃんの体に置いてから、その手を優しくお腹か脚、もしくはその両方へ動かしていきます。いくつかの伝統的な精神の癒し法によれば、こうすることによって、赤ちゃんが生まれる前から潜在的にもっているエネルギーを、根付かせることができると言われています。おそらく、手を一方向に動かすのを赤ちゃんが好むことに気づくと思います。この動作をやりながら、自分のやっていることを説明したりして、赤ちゃんに話しかけましょう。

お腹で円を描く

このマッサージは、ほとんどの赤ちゃんにとって敏感な場所を刺激することになります。消化器系があるところだからという理由もありますが、へその緒が切断された場所がまだ調整中だからという理由も考えられます。もう少し成長すると、このマッサージを行うだけで赤ちゃんの機嫌を直すことができるようになるでしょう。

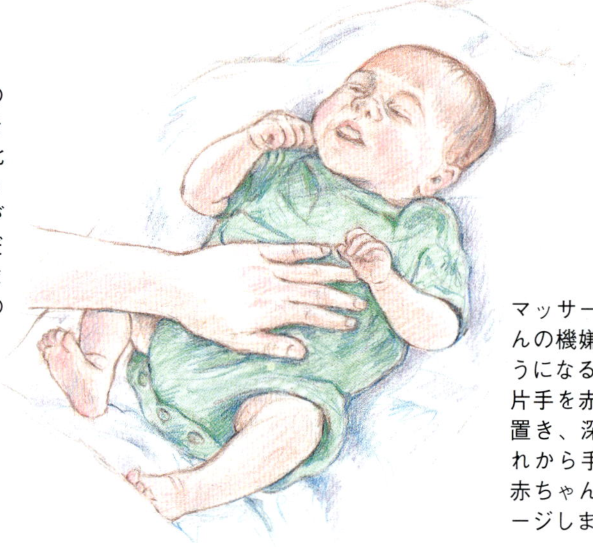

片手を赤ちゃんのお腹に平らに置き、深呼吸を1回します。それから手を時計回りに回して、赤ちゃんのへその周りをマッサージします。

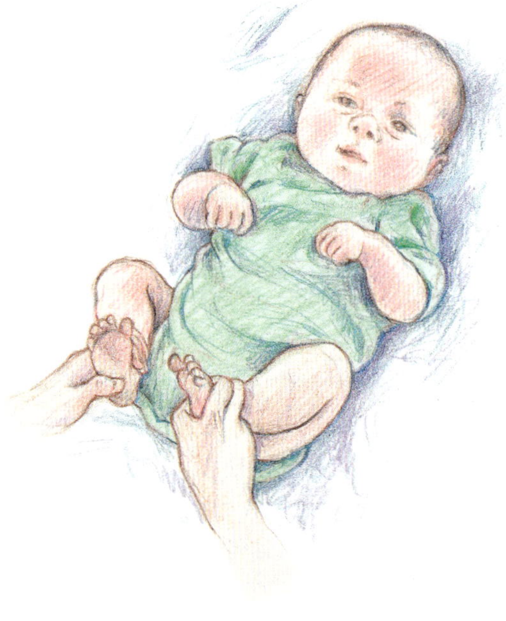

足をつかむ

赤ちゃんの足をつかむたびに、片足に7,000ずつある神経の先端の中から主な反射点が刺激され、その結果全身のエネルギーの流れがスムーズになります。いつ触っても赤ちゃんの足が冷たい場合は、このやり方で循環機能を刺激すると温かくなります。赤ちゃんの両足を、自分の両手でそれぞれしっかりとつかみ、親指を使って優しく足の裏を押します。

ウォーミングアップ

ヨーガを始める前に、赤ちゃんの全身マッサージ(30ページ参照)はしたくないという場合は、その代わりに次の簡単なマッサージを実践しましょう。そうすることで赤ちゃんの体は温まり循環機能が刺激されて、抱きかかえのモードからストレッチのモードへと移っていきます。赤ちゃんの服は脱がしても脱がさなくても構いません。このウォーミングアップをすることで、生まれたばかりの赤ちゃんの触れ方、扱い方に自信を持てるようになるでしょう。

赤ちゃんとヨーガを始める前に、あなた自身も、腕や肩を柔軟にするストレッチを行ったほうがいいと思います。息を吸って両腕を前に上げ、それから息を吐きます。もう一度息を吸い、息を吐きながら腕を赤ちゃんの頭上に伸ばすようにストレッチします。

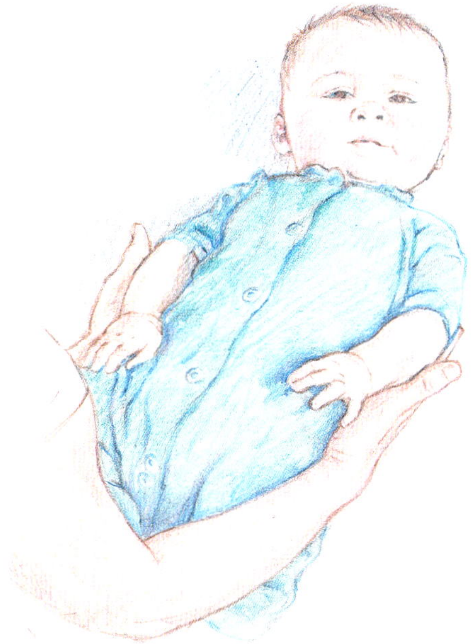

全身をさする

全身をくまなく念入りにさするのですが、あまり強くさすりすぎないように気をつけます。

両手を赤ちゃんの肩の下に入れ、背骨に沿って下方向に優しくさすっていきます。腰とお尻も両手でその形に沿ってなぞり、そのまま両脚もさすっていきます。赤ちゃんの反応を見ながら、何度かこの動きを繰り返します。泣いた時は動きをやめてあやして、あとでもう一度やってみましょう。

触れてリラックスさせる

未熟児で生まれた赤ちゃんや難産で生まれた赤ちゃんには、特に安心感を与えるような動きが必要です。なぜならこういう赤ちゃんは触れられることに痛みを感じる場合があるからです。片手で赤ちゃんの腕を支え、もう片方の手の指で腕を軽くたたきます。穏やかな声で「リラックスしましょうね」と繰り返し言いながら行います。赤ちゃんが反応したら、微笑みかけキスしてあげましょう。

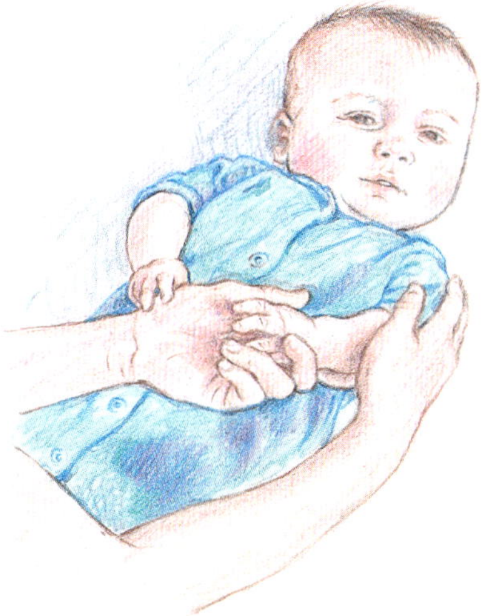

ヨーガの前の全身マッサージ

オイル(ピュア・オイルなら何でもよい)を使った赤ちゃんへの全身マッサージには、さまざまな効用がありますが、赤ちゃんの安心感と満足感を高めることもその1つです。その結果赤ちゃんは、自分が愛され守られ大事にされていることを感じます。インドの伝統的なやり方に従って、この全身マッサージのあとにヨーガを行うと、効果はますます高まります。赤ちゃんへのマッサージには決まったやり方はなく、ここで紹介したヨーガの前の全身マッサージもとても簡単です。ヨーガの前のマッサージにオイルを使いたくないのであれば、赤ちゃんに服を着せたまま、体をさすってあげましょう(29ページ参照)。どのやり方を選んだとしても、あなたがリラックスできて、赤ちゃんと一緒に楽しい体験ができることが一番大切なポイントなのです。

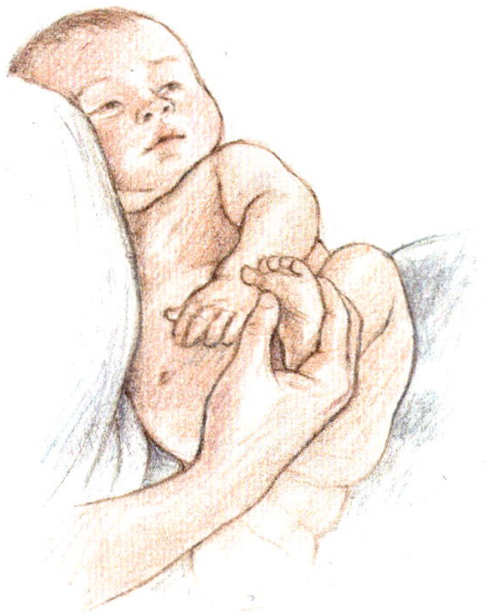

1　太ももからつま先まで

マッサージは、簡単で楽しく、赤ちゃんの全身をリラックスさせられるものから始めます。「インドの乳しぼり」と呼ばれる、両脚のマッサージです。

片手で赤ちゃんの片方の足首を持ちます。もう一方の手で赤ちゃんの太ももを握り、そのまま足首、つま先へと牛の乳しぼりの要領で手を滑らせます。この動きを両手で交互に繰り返し、1つの連続した流れになるようにするのです。

最後は足の指を1本ずつ握り、あなたの親指で赤ちゃんの足の裏をかかとからつま先に向けてさすります。

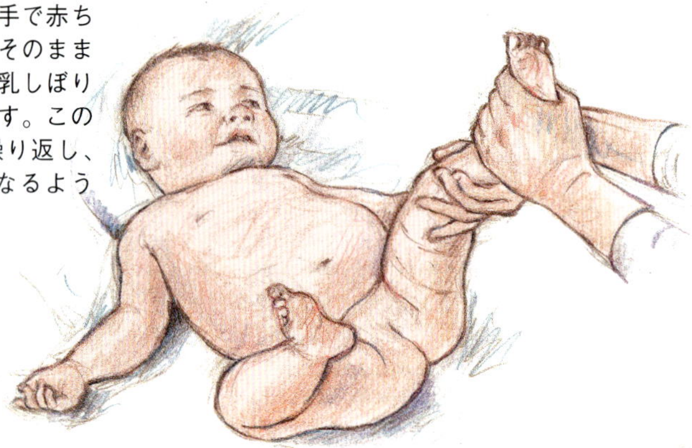

2　胸

両手を使い、赤ちゃんの胸を中心から脇へ円を描くようになでます。今度は片手で、胸から肩へ斜めになでて胸に戻す動きを、両肩に行います。

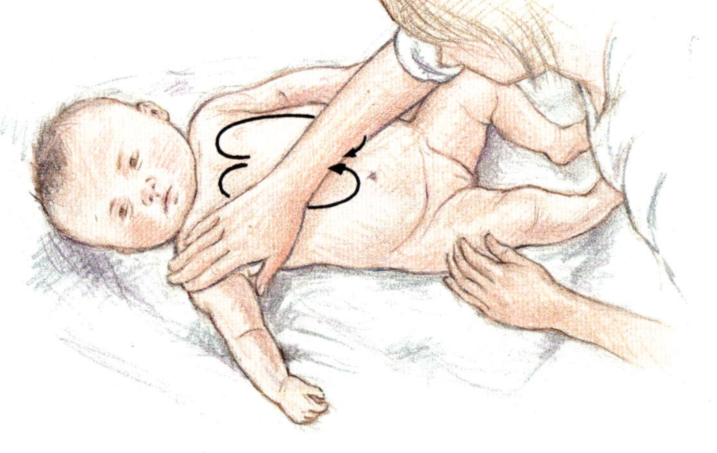

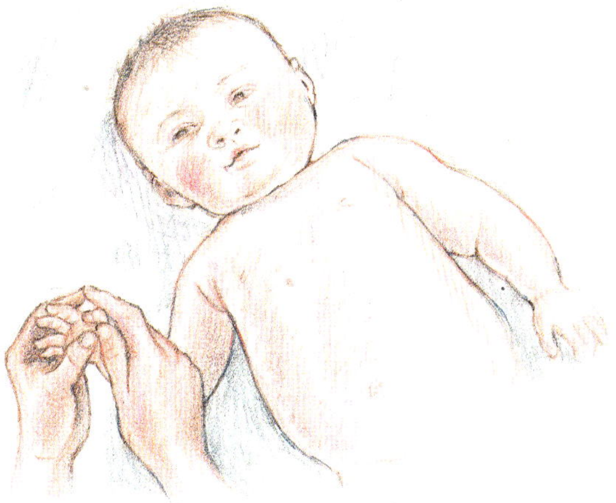

3　わきから手まで

片手で赤ちゃんの片方の手首を持ち、わきから手に向けて、脚の時と同様に絞る動きでマッサージします。手の指を1本ずつ握り、あなたの親指で赤ちゃんの手のひらに円を描きます。

4　顔

赤ちゃんの顔をあなたの両手ではさむようにし、親指を使って赤ちゃんの眉毛の上を鼻筋から外へなでます。両方のほっぺも円を描くようにあごまでなでます。

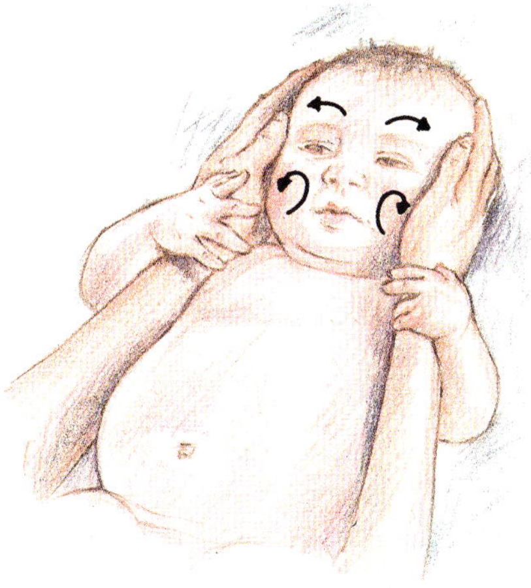

5　背中

片手を開いて、赤ちゃんの背中を首からお尻に向けて、ごくごく優しくなでます。これも1つの連続した動きになるように、両手で交互に繰り返します。

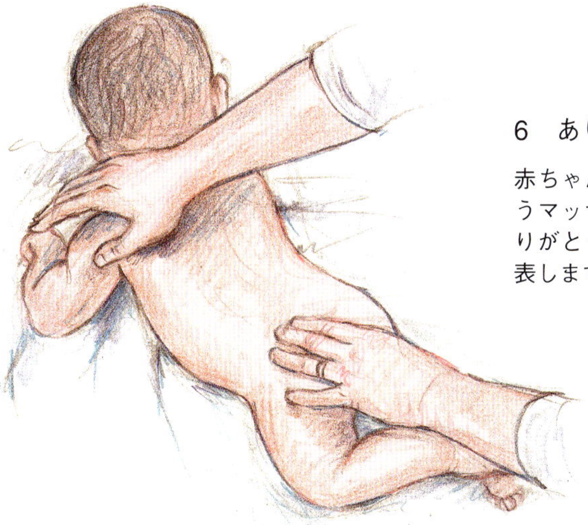

6　ありがとう

赤ちゃんを仰向けにして、きょうマッサージをさせてくれてありがとうという感謝の気持ちを表します。

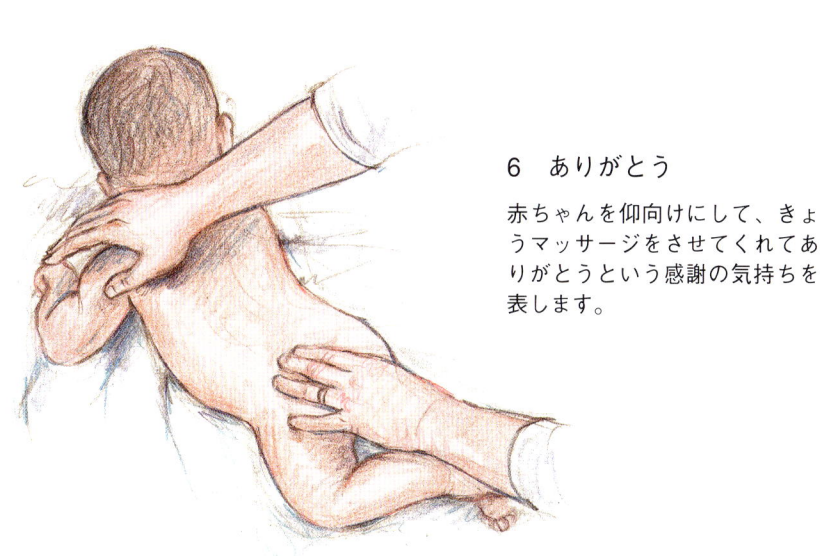

股関節の体操　その1

この最初のヨーガ体操は、ハタヨーガの基本に基づいたもので、腰とヒザの関節を開いて、体内深く、背骨の根元周辺にある筋肉を鍛えるためのものです。これによって、人間の生命エネルギーが活性化、および浄化されます。このプロセスを助けるために、大人は意識的に腹式呼吸を行いますが、赤ちゃんの多くは実に自然に腹式呼吸を行っているのでびっくりさせられます。

注意：赤ちゃんの筋肉には、張っているところなどありませんが、関節の柔軟性は赤ちゃんによって異なります。無理に動かしたりせず優しくやってあげましょう。股関節の柔軟性が左右で違うことに気づくこともあるでしょうが、これもよくあることなのです。

1　ヒザを胸に

このポーズは消化機能を刺激し、腸がゴロゴロ鳴ったりげっぷが出たりすることもあります。

赤ちゃんの両脚をヒザのすぐ下のところで持って、ヒザを曲げ、脚を開かせます。徐々に腰の幅より広く開いていきます。折り曲げた赤ちゃんのヒザは、腹部の肋骨の下部にしっかりとつけておきましょう。

いったん力を抜いて、同じ動きを2、3回繰り返します。動作と動作の間も手は離さずに、完全に力を抜いてリラックスする時間をとりましょう。

赤ちゃんが気持ち良さそうにしていない時や、お腹が緊張している時は、お腹を優しくマッサージをして、またあとでやってみましょう。

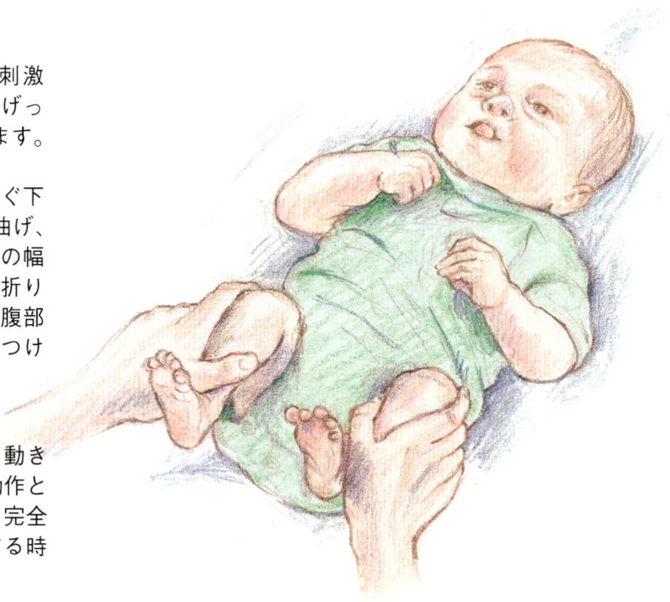

2　ヒザを左右に

このポーズは背骨が軽くねじれます。
あなたの手の位置は先ほどと同じようにして、曲げたヒザを左右ぴったりとくっつけ、そのまま右、左と動かします。
上の写真のようにヒザは腹部にしっかりと固定し、左右の方向を変える時はいったん力を抜いて休みましょう。

3　足踏みストレッチ

前のポーズから、今度は腹部につけていた脚を、ゆっくり足踏みをするように交互にあなたのほうへ伸ばします。

4　片足だけの蓮華座

これも片足ずつ行います。

赤ちゃんの左足を右側のでん部に持っていき、片足だけ蓮華座のポーズをさせます。無理なく届くところにかかとをつけます。

力を抜いて休んでから、右足も同様にします。

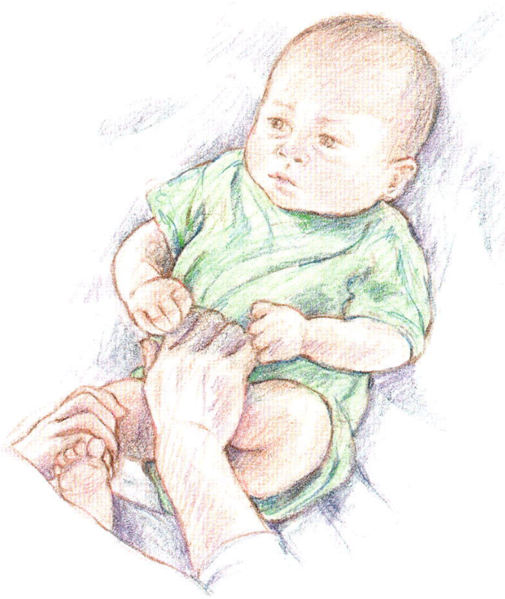

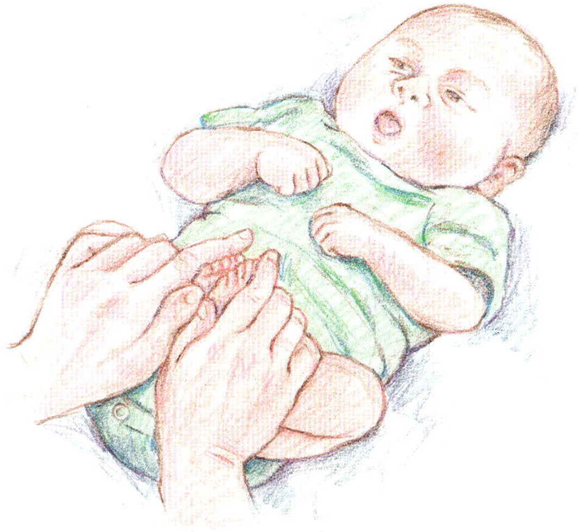

5　チョウチョのポーズ

このポーズは赤ちゃんの股関節を開きます。

両手で赤ちゃんの両足首を持ち、左右の足の裏を合わせます。そのままゆっくりとお腹のほうへ倒します。

6　股関節を閉じる

先ほどと同じように、両手で赤ちゃんの両足首を持ち、左右の脚をくっつけてそのまま少しあなたのほうへ伸ばします。この動きをゆっくりと2、3回繰り返します。両ヒザが閉じると赤ちゃんの目も閉じると思います。

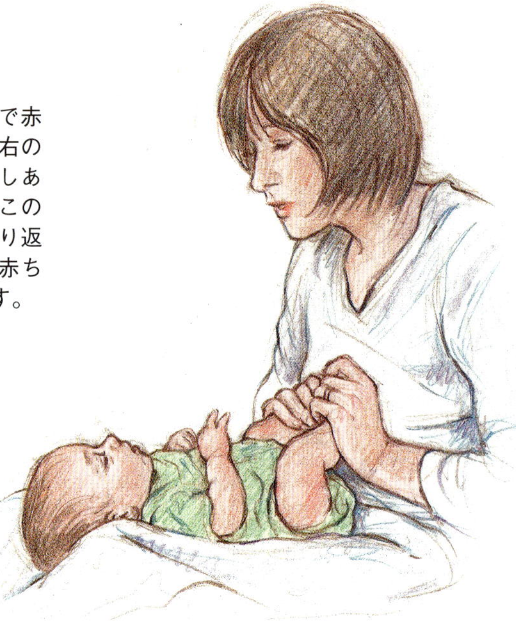

最初に簡単なマッサージをやらなかった場合は、次の最後の動きを行う前に、ここで29ページのマッサージを行うこともできます。

7　脚を伸ばして落とす

ここでやるポーズによって、赤ちゃんはストレッチとリラックスの違いを一連の動作の中で覚えます。

赤ちゃんの両足首を持ったまま、両脚を少し上げながら開き、そしてそっと手を離します。
「伸ばして」そのあと「力を抜いて」と言いながら、この動きを何回か繰り返します。赤ちゃんが喜んでストレッチとリラックスの違いを感じられるように、明るい楽しい口調で言いましょう。

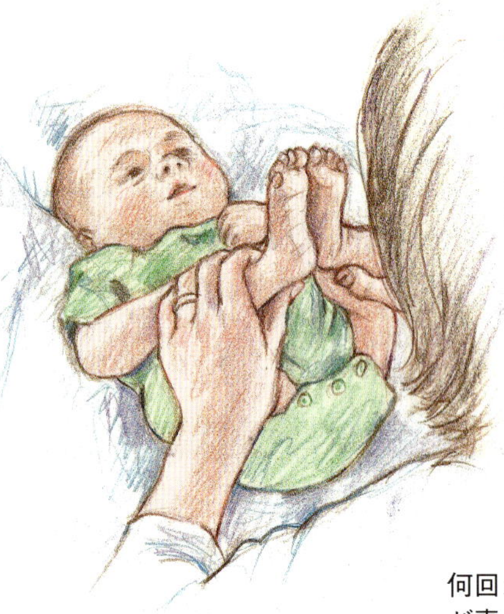

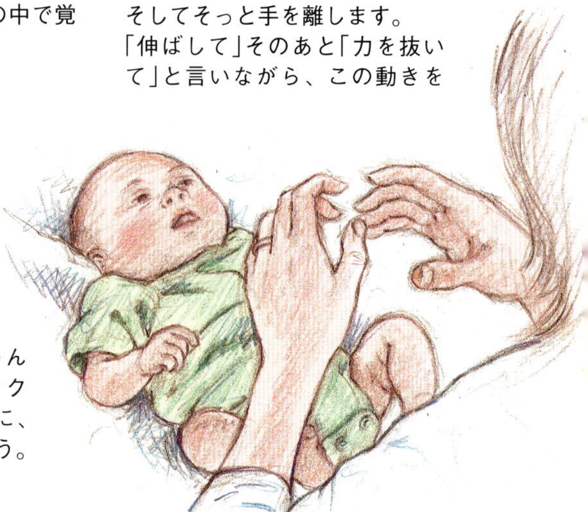

ここで紹介した初めてのヨーガ体操は、5分から10分で行えるものです。終わるととても疲れてしまう赤ちゃんもいますし、もっとやりたがる赤ちゃんもいます。ここでやめるか、別のヨーガ体操を続けるかは、赤ちゃんの状態に従って決めましょう。いずれにしてもヨーガを終了する時は、42ページを参考にして、赤ちゃんと一緒に十分リラックスしてから終わるのが理想的です(赤ちゃんが空腹なら同時に授乳してもよい)。

ヨーガに対する赤ちゃんの反応

赤ちゃんの行動は自然に発達していくものですが、ヨーガをやるとそれが刺激となって行動も変わってきます。活発で激しくなるだけでなく、行動範囲が広くなってより楽しいことができるようになり、ヨーガをやらなかった赤ちゃんよりさまざまな能力を身につける時期も早くなります。

身体的反応

生後6ヶ月の間にヨーガをやると、反射行動から意識行動への移行がスムーズになるようです。これはおそらく、毎日のヨーガ運動で鍛えられた背筋の使い方がうまくなるからでしょう。意識行動への移行は、ストレッチと蹴る動きの2つに表れます。ヨーガをやり始めると、赤ちゃんの体全体は柔軟になります。生まれてからも継続していた胎児の体の動かし方は、赤ちゃんが蹴ったり、自転車を漕ぐ動きをしたりするうちに、徐々に短くて激しい動きの連続に変わってきます。こういった変化は、股関節の体操によって加速していきます。赤ちゃんを「力を抜いた持ち方」、特に顔を下に向けた持ち方（36ページ参照）で持つと、赤ちゃんの首を鍛えることにもなります。赤ちゃんをうつ伏せに寝かせれば、今度は寝返りの打ち方を学び、早いうちに頭を上げることができるようにもなるでしょう。

精神的反応

赤ちゃんのコミュニケーション能力はとても高いものです。あなたが赤ちゃんの相手をすればするほど、赤ちゃんの反応も良くなり、あなたへの関心も高まります。新生児の目の焦点は30センチメートル（12インチ）のところにあるので、ヨーガで赤ちゃんと一緒に座った時の位置関係が、赤ちゃんにとってあなたの顔をはっきりと見ることができるちょうどいい距離になります。その結果、あなたと赤ちゃんが親密なコミュニケーションを取れる確立が増えます。赤ちゃんはまずあなたの目をじっと見つめ、あなたと目が合うと喜びます。その時あなたが、赤ちゃんに微笑んで話しかけてあげると特に喜びます。

　赤ちゃんはあなたの声にも喜びます。ヨーガを何日かやっていくうちに、無意識に赤ちゃんに歌ったり話しかけたりするようになるはずです。良く見ていると、赤ちゃんはあなたの口の動きを一生懸命目で追ったり、時にはあなたに話しかけようとするのが分かります。

　ヨーガ体操の最中に、舌で音を出すのもコミュニケーションを高める方法です。赤ちゃんの目の前で何回か、できるだけ大きくはっきりと舌で音を出してみてください。少し間を空けて、またやってみます。そうすると赤ちゃんも舌で音を出し始めることがあります。最初は少ししかできないと思いますが、少したつと、もしくは次の日には続けてできるようになります。30分も音を出し続けられる赤ちゃんもいます。赤ちゃんは長時間集中できないものだという固定概念も、ヨーガによって刺激を受けた赤ちゃんとコミュニケーションをはかると、そんなことはないということが分かると思います。

　赤ちゃんは「変な」顔にとてもよく反応し、大喜びします。そういう顔の表情で、赤ちゃんは初めて面白いという感情を持ち、おかしくて笑うことを覚えます。赤ちゃんは生まれてすぐから、あなたの真面目な顔と笑顔を区別できるのです。そのことを念頭において、ヨーガをやる時も、いろいろな顔の表情の違いを利用して楽しんでみましょう。

力を抜いた持ち方

「力を抜いた持ち方」は、ベビー・ヨーガの中心的な要素です。他の持ち方、抱き方の癖がつく前、赤ちゃんがまだ軽くて運びやすい間は、このような持ち方をするのがとても大切なのです。この「力を抜いた持ち方」を覚えると、赤ちゃんの体重が増えて大きくなっても、自分の背中を緊張させることなく自然と赤ちゃんが抱けるようになるはずです。

「力を抜いた持ち方」はあなたのためになるのですが、赤ちゃんへの効用もそれ以上にあります。この持ち方をすれば赤ちゃんは文字どおり力を抜いてリラックスし、気持ちよくなります。これは逆にあなたの緊張をほぐすことになります。母親が赤ちゃんをどこへでも連れて行く生活を送っている文化圏では、たいてい小さい時からこの「力を抜いた持ち方」をそれと知らずに行っています。私たちも謙虚に彼らからそれを学びましょう。それだけでなく彼らの動きの中には、ヨーガ全般に当てはまる、リラクゼーションの原則も含まれているのです。

「力を抜いた持ち方」をする時の支え方のポイント

- あなたの胸骨と肋骨の上部で支える
- 赤ちゃんの胸に腕を回して支える
- あなたの体で赤ちゃんの背骨を支え、同時に赤ちゃんの頭を背骨と一直線上に保つ
- 赤ちゃんのお尻の下を手で支える(右頁の図参照)

基本の「力を抜いた持ち方」(顔を下に向けた姿勢)

赤ちゃんの顔を下向きにして持つやり方は、近年の西欧社会でのみ推奨されている方法です。大部分とまではいきませんが、多くの赤ちゃんがこの持ち方を好み、すぐにおとなしくなるのも事実です。この持ち方がなぜ良いのかという理由の1つは、腹部に心地よい圧力がかかり、赤ちゃんの疝痛(せんつう：132ページ参照)などを和らげる効果があることです。

顔を下にした持ち方で赤ちゃんをリラックスさせるためには、まずあなたの肩をリラックスさせなければなりません。赤ちゃんを高く持ちすぎると、両肩が緊張してしまいます。あなたにも赤ちゃんにも最も良い形を見つけるためには、最初は座って練習したほうがいいでしょう。

この「力を抜いた持ち方」は、赤ちゃんを安全姿勢にして、あなたの両手でさまざまなポイントを支える持ち方なので、最も安定感があり赤ちゃんの体の自由も最大限にききます。この点が、赤ちゃんとあなたが向き合う持ち方や赤ちゃんを前方に向けてかかえる持ち方とは対照的なところです。あなたがこの持ち方に慣れれば、あなたの手に赤ちゃんのお尻を乗せたり、赤ちゃんの顔を前に向け横にしてあなたの肋骨で支えたりといった、「お尻を支える持ち方」で抱いても赤ちゃんが体をまっすぐにできるようになってくると思います。

こういったさまざまな安全な持ち方は、今後1歳になるまで、ヨーガの立ちポーズと組み合わせて使われることになります。

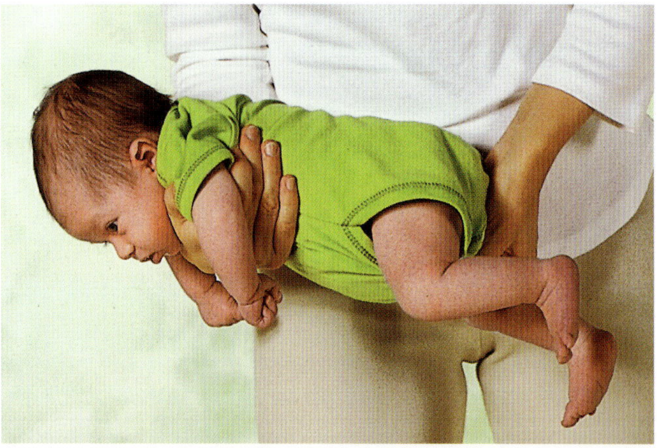

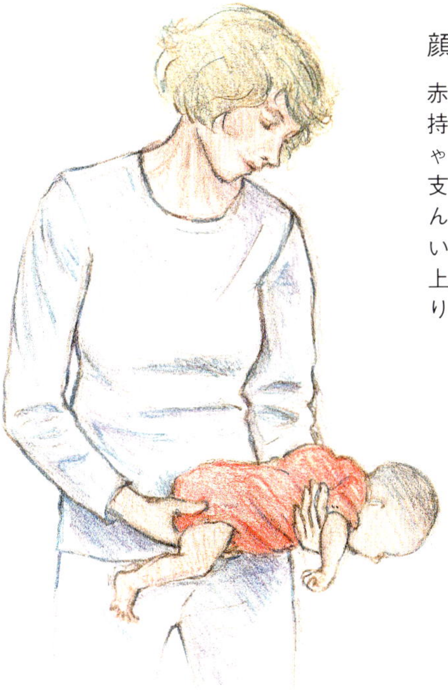

顔を下に向けた安全姿勢

赤ちゃんのお尻を持つ基本的な持ち方（36ページ参照）で、赤ちゃんをあなたの肋骨でしっかり支えます。その体勢から赤ちゃんの胸をあなたの手のひらの広いところへずらし、赤ちゃんの上腕を親指と人差し指でしっかりはさんでつかみます。

今度は赤ちゃんのお尻を持っている利き手を、赤ちゃんの両脚の間にずらしてお腹を支えます。赤ちゃんの顔を下に向け、頭が背骨と一直線になるように支えます。更に頭をしっかり支えるために、あなたの肘と手首の間に体を乗せます。

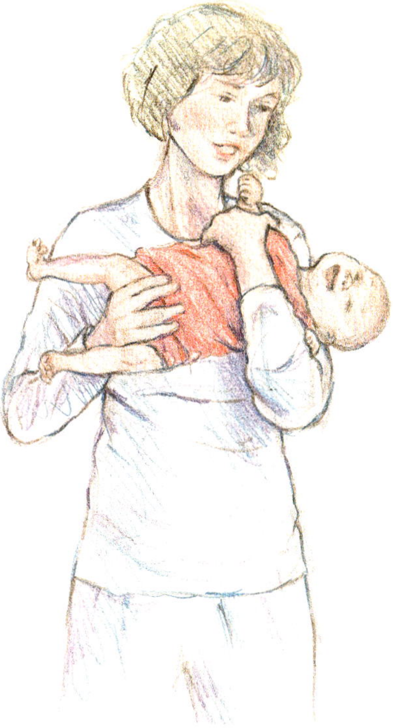

体を回転させる

このリラックスした状態の、顔が下を向いた体勢から、赤ちゃんの体を回転させて顔が向き合うようにします。この時一度抱き締めてあげたりキスしてあげたりしてもよいでしょう。それからまた顔を下に向けます。いきなり立ってやらないで、まず座ってやりましょう。最初は優しく回転させて、赤ちゃんが喜んでいるようだったら徐々に大きな動きにしていきます。

「力を抜いた持ち方」の応用

以上の方法で赤ちゃんを支えるのに自信がついたら、赤ちゃんの腕を支えていた親指と人差し指を緩めてもっと軽く支えてみます。

赤ちゃんの首が強くなってきたら、あなたの腕に赤ちゃんの腕をひっかけて胸だけを支えて持ってみます。この時利き手は、すぐにお尻を支えられるように準備しておきます。
大部分の赤ちゃんは、この体勢で、親ネコに首でくわえられた子ネコのように、完全に力を抜いてリラックスしています。赤ちゃんの反応をチェックしながら、今までの注意事項に沿っていろいろな持ち方を試してみましょう。

注意：いろいろな持ち方を試す時は、更に安全を期すために柔らかいカーペットの上かベッドの上でやりましょう。

初めてのバランス感覚

古典的なヨーガのポーズには、バランスをとるポーズがたくさんありますが、これには脚や背中のストレッチを促す目的だけではなく、エネルギーを体の中心に集めるという目的もあります。バランス感覚は神経機能に良い効果をもたらします。生まれたばかりでまだバランス感覚の発達していない赤ちゃんにも、優しく十分支えながら味わわせてあげることで同じ効果を得ることができます。次の3種類のバランス運動は、短いものなので時間のある時いつでも行えます。最初は座ってやってみて、自信がついたら立って試してみましょう。

注意：赤ちゃんを自由自在に扱える自信がつくまでは、このポーズは赤ちゃんの服を着せたままで行いましょう。

1　お尻を支えて ゆりかごのように

このポーズは赤ちゃんの背骨を仙骨(骨盤の上部)から首まで鍛え、背筋の調整力を高めます。赤ちゃんのお尻の下に利き手(右利きなら右手、左利きなら左手)を置いて、イスを作るようにします。

立った姿勢でも正座(赤ちゃんをヒザの上に横向きに乗せる)していてもいいので、利き手で赤ちゃんの正面、股の間を支え、利き手と反対の手で赤ちゃんの頭を支えます。この時必ず、赤ちゃんの首の根元も支えるようにします。これがお尻を支え背中と首をまっすぐにしてバランスをとる姿勢です。

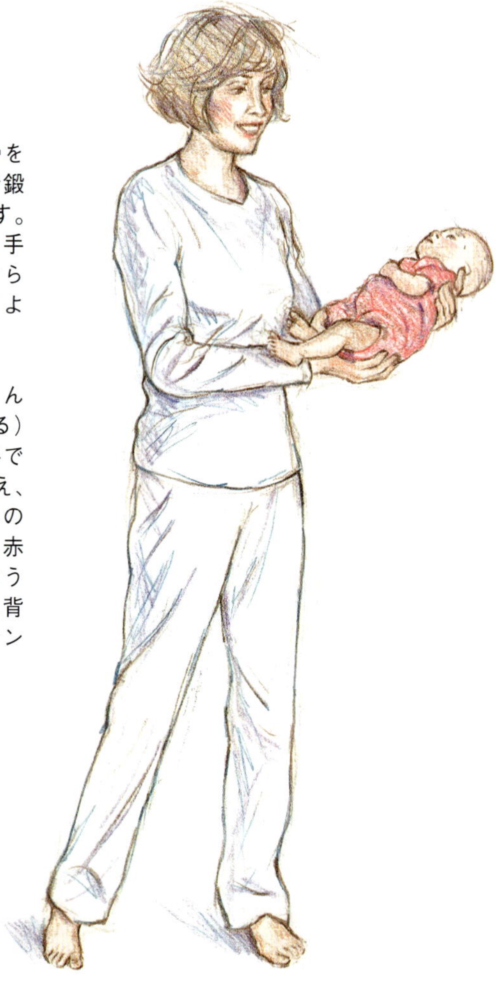

その姿勢が楽にとれるようになったら、利き手を開いて赤ちゃんのお尻の下に入れ、優しく持ち上げてみます。赤ちゃんはあなたの利き手と反対の手で頭を支えられながら、あなたの手の上でバランスをとっています。赤ちゃんの体をなるべくまっすぐにするようにして、徐々に頭を支えている手の力を、位置は動かさずに、抜いていきます。

少しの間その姿勢を保ち、また赤ちゃんを手元に抱いてもいいし、次の運動を続けても構いません。

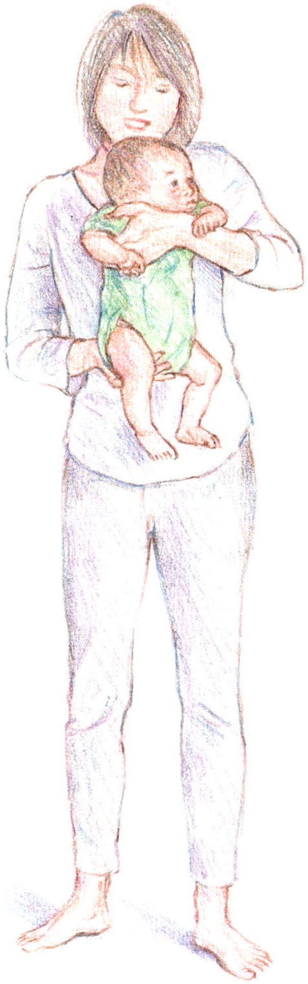

2　軽く落とす

この上下運動で喜ぶ赤ちゃんもいれば、最初は落とされたことでびっくりして、モロー反射と呼ばれる反射を起こし、腕を伸ばしてしまう赤ちゃんもいます。赤ちゃんがこの動きに慣れてくればびっくりする回数も減るでしょう。軽く落とす動作は反射を見るためだけでなく、赤ちゃんの安定感を促進するために行います。また赤ちゃんをなだめるのにも効果があります。

前と同じように顔を向き合うか、顔を向こう側に向けて利き手でお尻を支え、左図のように利き手と反対の手を赤ちゃんの胸に回します。お尻を支えている手で赤ちゃんをゆっくり持ち上げ、そのままの体勢でしっかり持ったまま腕を軽く下に落とします。赤ちゃんが喜んだら、あと1、2回続けます。横に振ったり激しく落としたりしないように、ゆっくり動かしましょう。

注意：赤ちゃんの胸に回した腕で、首と頭もしっかり支えること。

3　軽く揺らす

赤ちゃんはみんな、揺らすと喜びますし、そこから得られる効果もあります。これもお尻を支える持ち方の応用です。

今までと同じ持ち方で、赤ちゃんを優しくゆりかごのように横に揺らします。赤ちゃんの好みに合わせて徐々に大きくゆらしていきます。

いろいろな「力を抜いた持ち方」

赤ちゃんをすぐに、どんな形でもしっくり持てるようになればなるほど、赤ちゃんの体重が重くなっても、リラックスしているのを感じられるし動きも自由自在になります。バランスをとるために、体の左右両方を使って赤ちゃんを持つようにするのが理想的です。下の写真のような抱き方なら、体の左右のバランスが悪くなりどちらか一方に傾くということもないでしょう。

顔を下に向け力を抜いた抱っこ

力を抜いた抱っこを初期段階から常に行っていると、そのうちその体勢が赤ちゃんの睡眠を誘うようになります。このやり方で赤ちゃんを抱っこすると、支えているほうのあなたもリラックスすることができます。

- 顔を下に向けた安全姿勢での持ち方から、赤ちゃんをあなたの方に引き寄せ、お尻を支えているほうの腕を赤ちゃんの両脚の間に入れ、その手がもう一方の手に届くようにします。そして最初の安全体勢の時よりも幾分力を緩めて赤ちゃんを支えます。赤ちゃんはあなたの腕の上に頭を乗せ、あなたの合わさった両手に心地よく守られて、気持ちよく眠ってしまうでしょう。ゆりかごのように軽く揺らしてあげると、もっと落ち着くと思います。

まっすぐ起こした抱き方

赤ちゃんをまっすぐに起こして抱いた位置が高すぎると、あなたの首と肩が緊張してしまうと思います。赤ちゃんの全身をしっかりとあなたの肩と胸で受け止めれば、もっと抱きやすくなるのが分かるでしょう。この体勢で気持ちよく眠ってしまう赤ちゃんもたくさんいます。

- これもお尻を支えた体勢から始めます。赤ちゃんと顔を向き合うようにして、お尻と頭を両手でそれぞれ支えます。

- 赤ちゃんをあなたの体に引き寄せ、赤ちゃんの頭をあなたの肩の下に乗せます。利き手は赤ちゃんのお尻の下に添えたまま、利き手と反対の手で赤ちゃん背中または肩を支えます。

- この体勢から、赤ちゃんをあなたの体を上下させるように軽く落としてみることもできます。

抱っこヒモを使って赤ちゃんを縦に抱っこする時、よく間違うのが、赤ちゃんの位置が低すぎるということです。これではあなたの両肩が前に出てしまい、姿勢が悪くなって背中を痛める可能性もあります。赤ちゃんの頭があなたの胸の中心、ノドのちょうど下にくるように位置を調整しましょう。その位置なら胸骨で赤ちゃんをしっかりと支えることができます。

力を抜いた持ち方で動かす

赤ちゃんを抱いて歩くのが楽になればなるほど、赤ちゃんのほうもその状態を楽しめるようになります。赤ちゃんを抱き上げるだけでなく、そのまま歩いてリラックスする時間をとるのも、とても大事なことです。あなたの姿勢、呼吸、リズムや動きを意識しながら歩きましょう。

抱き上げる

赤ちゃんの抱き上げ方も、練習すればよりスムーズになります。片方の腕を赤ちゃんの胸に回し、もう一方の手でお尻を支えて赤ちゃんの体を回転させるやり方がうまくできるようになれば、赤ちゃんがヨチヨチ歩きをするまでこのやり方は通用します。これができればまだ幼い赤ちゃんを持ち上げ、仰向けの抱き方やまっすぐ縦にする抱き方といった、顔を上向きにした安全な体勢を簡単にとらせることができるのです。

あなたの背骨を鍛える

力を抜いて楽に赤ちゃんを動かせるようになったら、歩いている時のあなたの背骨を強化することを意識しましょう。必要ならば鏡に自分の姿を映してもいいですし、ドアのところに立って、ヒザを曲げて背中全体がドアにぴったりとくっつくようにすればなおいいです。新米の母親は赤ちゃんを守ろうと前かがみになってしまいがちですが、歩く時は肩を後ろに引いて胸を張っていたほうが姿勢は安定するので、赤ちゃんもより安心感を持てるのです。

リズムと動き

誰にでも多少は、歩く時のリズムというものがあります。生まれたばかりの赤ちゃんを抱くのが怖くて、あなたの歩き方にリズムがなくなってしまうこともあります。赤ちゃんを抱いて歩く時は、自分の重力の中心を意識しましょう。姿勢はまっすぐ、左右対称になっているか確認し、妊娠中に土踏まずが弱くなっている場合は脚の外側に少し体重をかけるようにします。1歩1歩足の裏全体を使い、歩くことの楽しさを思い出すのです。背筋すべてを働かせて背骨を鍛えるようにします。

あなたが赤ちゃんを抱いてリラックスして歩ければ、赤ちゃんもあなたの体の動きに合わせて動くことになります。あなたの体で赤ちゃんを支えることによってそれが可能になり、それを赤ちゃんも心地よいと感じます。赤ちゃんを抱いて正しい姿勢で歩くことは、あなたの体にも効果があります。背筋が鍛えられ、出産後の体型の回復、矯正に役立ちます。それだけでなく、あなたの気持ちも新鮮になり元気が出て、血液中に酸素も取り込まれることによって気分も高まります。遠くまで歩く必要はありません。初めはリビングの中や庭を行ったり来たりするだけで十分です。自分自身の呼吸を意識すれば、ますます歩き方が生き生きしてくることでしょう。

赤ちゃんとのリラクゼーション

くつろぐことも体操と同じように、ヨーガの大切な部分です。生まれたばかりの赤ちゃんとのヨーガでは、あなたがくつろぎを与えてあげるのです。赤ちゃんが眠りに落ちていく過程を観察していると、赤ちゃんがどれだけリラックスしているかも分かります。ヨーガの経験を積めば、徐々にくつろぎたいと思った時にいつでも赤ちゃんと一緒にくつろぐことができるようになるでしょう。ヨーガでの基本的なリラックス法である、「死体のポーズ（シャヴァ・アーサナ）」を行えばよりゆったりとくつろぐことができます。

抱っこでリラクゼーション

あなたがヨーガの初心者の場合は、最初はこのやり方が簡単でよいと思います。授乳のあとなど赤ちゃんが満足している時を選んで行いましょう。

- 楽な姿勢で座り、赤ちゃんを優しく持ち上げて仰向けに抱っこします。あなたの両肩と首の力が抜けているか確認してください。赤ちゃんを持って横方向に少し動かし、それからしっかり抱いた状態であなたの背骨をゆっくり右、左とひねります。必要ならば、ヒザにクッションを1つか2つ乗せて、赤ちゃんを支えながらやりましょう。
- 赤ちゃんを見ると同時に、寝ている赤ちゃんの近くにあるあなたの心臓を意識しましょう。あなたの両肩、両腕に残っている緊張を、次に吐く息と同時に解きほぐします。そしてあなたと赤ちゃんの心臓が近くにあることを感じるのです。
- このリラクゼーション法は、立った姿勢でも小さく反時計回りに歩きながらでもできます（歩きながらのリラクゼーション法については66、67ページも参照のこと）。

授乳しながらリラクゼーション

授乳はホルモンの分泌を助け、それによってリラックスすることができます。出産後2ヶ月の間は、この自然の営みを最大限に利用しましょう。授乳前と授乳中にリラックスすることで、母乳の出もよくなります。授乳は赤ちゃんを落ち着かせる絶好の機会でもあり、もう少し大きくなった赤ちゃんも、この方法で落ち着かせることができます。授乳時は呼吸も利用して、肉体的・精神的緊張感を和らげましょう。

- 楽に授乳できる体勢をとり、2、3回深呼吸をしましょう。息を吐くときはできるだけお腹の底から吐き、頭の中をからっぽにするようにします。

- 息を吸う時、ヨーガで活性化された生気（プラーナ）に胸が満たされ柔らかくなるのを感じましょう。赤ちゃんがおっぱいを吸い始めたら、ゆっくり落ち着いたリズムで呼吸を続けます。

肺の奥まで深呼吸をすることで、徐々に背中の中央の肋間筋が発達し、肩を丸めてしまうことなく赤ちゃんを楽に支えていられるようになります。深呼吸を大きくすれば、体全体が気持ちよさも増します。もう妊娠末期に感じていた横隔膜による肋骨への圧力もなくなっているので、呼吸するごとに肋骨がスムーズに上下します。

「フランキーの持つ、落ち着きのある自信に満ちた性格の形成には、ベビー・ヨーガがとても重要な役割を果たしました。マッサージとヨーガを組み合わせたことが、帝王切開のせいで当初は失われてしまったと感じていた私と息子の身体的な絆を、深めたと信じています。」

赤ちゃんと一緒に「死体のポーズ」

あなたがヨーガに慣れているからといって、このステップを飛ばさないようにしましょう。なぜならあなた1人でリラックスすることと赤ちゃんと一緒にリラックスすることは違うからです。硬いベッドか床の上に寝て楽にしてください。背中を十分に休ませるために、ヒザを立てるか頭の下にクッションを置くかしたほうがいい場合もあります。もう少し温かさが欲しくなる場合に備えて、毛布を手元に置いておきましょう。

- 最初から赤ちゃんを抱いて横になってもいいですし、赤ちゃんの横に寝てからそっと赤ちゃんをあなたのお腹の上に乗せても構いません。赤ちゃんをうつ伏せにするか仰向けにするかは、赤ちゃんの好みに合わせます。緊張を和らげるために数回息を吐いて、目を閉じます。
- 最初赤ちゃんから手を離すのが不安だったら、赤ちゃんの体にそっと腕を回すと安心して目を閉じられます。お腹の中で赤ちゃんが感じていたことと、お腹から出た赤ちゃんが今あなたにくっついた状態で感じていることを比べて、その違いを意識しましょう。
- それからあなた自身がリラックスします。自分の中の自分を意識し、できるだけ長くくつろぎます。
- 長時間でなくてもよいので、少なくともあなたが体操を再開するのに必要なだけは、リラックスする時間をとりましょう。赤ちゃんが泣き出したらリラックスを中断して数回深呼吸をし、赤ちゃんをなだめます。

3 生後8週から4ヶ月まで
体の強化と調整力

生まれてから2ヶ月の間、生まれたばかりで何もできなかった無力な赤ちゃんが、あなたや周りの世界に対してだんだんと反応するようになり、日に日に自分の体をコントロールするすべを身につけていく様子を、あなたの目でしっかり見てきたことと思います。今や赤ちゃんはいつでも自分の体を自由に動かせるようになり、いろいろと考えることもできるはずです。次の2ヶ月間では、赤ちゃんの個性を尊重しながら、ヨーガのさまざまなポーズを行うことによって、赤ちゃんに動と静のバランスを教えてあげることにしましょう。

どの赤ちゃんも、身体的に発達していく順序は同じですが、その速さは赤ちゃんによって異なり、さまざまな能力を身につける時期もそれぞれ違ってきます。この差は知性の違いから生まれるものではありません。自分の赤ちゃんを他の子と比べたり、赤ちゃんの成長を表や基準値に照らし合わせて判断したりすることは避けましょう。その子の発育経過ではなくありのままの姿に誇りを持つことが、子供に対する無条件の愛情の表れなのです。赤ちゃんが最近マスターしたことに対して興奮をあらわにしている時は、あなたが誉めてあげると、赤ちゃんの喜びは更に増すはずです。

西欧以外の文化圏における子育ての研究結果によれば、生まれて間もない頃、まっすぐにお座りができるようになるずっと前から、赤ちゃんは大人に抱いてもらわなくても大人の体に自ら抱きつくことができるとあります。生後約8週以降、ほとんどの時間を母親の背中で過ごす赤ちゃんは、母親がでこぼこの道を歩いたり畑で腰をかがめたり、フルーツを取るために体を伸ばしたりする状況の中で、母親の体に抱きつくことを学ばなくてはならないのです。西欧社会において、赤ちゃんに良い子にしていてもらうために赤ちゃんをいろいろな赤ちゃん用のイスに座らせるのとは対照的です。

ここに紹介する、生後8週から16週の赤ちゃんと行うヨーガ体操には、赤ちゃんの抱きつく力を基本にしたものがたくさんあります。ヨーガの原理に従い、赤ちゃんの全身の発育を促すように考えた体操で、静的なポーズよりも赤ちゃんに適した「揺れる」という動きを取り入れたものです。この段階になると、赤ちゃんはヨーガの日課は好きでも単調な動きは嫌います。ですからこれまでの体操との連続性は保ちながらも、ちょっとしたゲームや童謡などの歌を取り入れてヨーガ体操のバリエーションを増やすことが望ましいのです。とにかく大切なのはリズムです。体の調整機能が高まれば、自分に合う静と動のバランスを赤ちゃんが自ら発見できるようになるでしょう。

抱きつく力をつけさせる

まだ小さくて頼りない赤ちゃんを自分の体に抱きつかせるという考え方に、最初は戸惑いを覚えるかもしれません。でもこれは赤ちゃんを支えていた手を引っ込めましょうと言っているのではなく、常に必要最低限の力で支えることで、赤ちゃんを鍛えもっと自分の体を使えるようにしてあげましょうということです。この練習は、赤ちゃんが起きているときならいつでもできます。赤ちゃんがいろいろ試しながら力をつけるまで数週間はかかりますから、その間は大人も慎重に赤ちゃんを導きながら辛抱強く付き合ってあげることです。

足を出して座って、または正座で

赤ちゃんと一緒に硬いベッドや床に座る時は、必ず赤ちゃんをあなたの両脚の間に座らせ、あなたの体で赤ちゃんの頭と背中を支えましょう。最初、赤ちゃんをぴったり自分のほうに寄せておきたいと思うのなら、両方の足の裏を合わせて「チョウチョのポーズ」をとってもよいでしょう。赤ちゃんを支えなくても大丈夫だという自信をつくまで続けます。最悪なのは、赤ちゃんがあなたの太もものほうに転がってしまうことですが、もしそうなってしまったら、赤ちゃんを起こしてもう一度正しく座らせます。まだ早いなと感じた時は、赤ちゃんを無理に1人で座らせないようにしてください。背中と頭をしっかり支えながら赤ちゃんが体の自由を感じられるようにしてあげれば、そのうち慣れてきます。赤ちゃんが更にヨーガに親しんでくると、赤ちゃんも「チョウチョのポーズ」で座ることができるようになります。こうなれば正に赤ちゃんと一緒にヨーガをやっている状態です。

この座り方に自信がついたら、今度は床に正座をして赤ちゃんをヒザの上に座らせ、あなたの体に寄りかからせるようにしてみましょう。この姿勢のほうが楽な場合だけで構いません。横に倒れた時のために、両腕は赤ちゃんをつかめるように準備しておきます。もっとも赤ちゃんに力がつけば倒れることはめったにありません。赤ちゃんは、あなたに寄りかかって脱力している自分の体を支えることを覚えていくのです。

立って、または歩きながら

赤ちゃんを抱きながら立ったり歩いたりしている時でも、抱きつかせる練習はできます。赤ちゃんを支えて抱っこしなくてはならない状態でどうやってと矛盾を感じるかもしれませんが、赤ちゃんに抱きつかせるように抱っこする方法もあるのです。西欧社会では、私たちが赤ちゃんを抱いて動く時、赤ちゃんにも体に抱きつかせようとすることはありません。その結果赤ちゃんは、生後半年以降になって、意識的につかまる動作が発達するまで無意識につかまるということがないので、大人がしっかりと支えていなくてはなりません。どんな赤ちゃんに対しても、抱っこして動く時にもっと積極的につかまるように教えることはできますし、その時期は早ければ早いほど効果的なのです。

向き合わせで抱っこでも赤ちゃんの顔を前向きのして持っている時でもいいので、赤ちゃんを支えている手の力をほんの少し緩めてみます。安全のために十分に支えながらも、赤ちゃんにあなたの体と自分の体の関係を感じさせるようにするのです。あなたが支えている手をリラックスすればするほど、抱かれるだけでなく抱きつくことを赤ちゃんに教えやすくなります。最初は、反射的に両手を開いて、あなたの洋服や髪の毛につかまろうとするでしょう。軽く落とす動き（39ページ参照）も取り入れながら繰り返しているうちに、あなたが抱っこすることが身体的な誘因となり、赤ちゃんもあなたに抱きつくようになるでしょう。これは赤ちゃんを守ったり支えたりするのをやめるということではありません。それどころか赤ちゃんが積極的に動くようになれば、赤ちゃんとあなたの絆はより親密なものになるのです。

「しっかり支える」から「手だけで支える」抱き方へ

顔を下に向けた安全姿勢での持ち方や力を抜いた持ち方の応用（36、37ページ参照）に自信がついたら、今度は赤ちゃんの胸の下を片手の手のひらだけで支えて持つことできます。この方法なら、赤ちゃんは適度に支えられながら自由に体を動かすことが可能になります。最初は柔らかいものの上で、十分に気をつけて行いましょう。この持ち方で赤ちゃんの背中を更に伸ばしてやることができます。お尻を支えていた手は赤ちゃんの下方に添えておきましょう。胸を支える手は左右を交互に使い、胸のほうの手、お尻のほうの手と手を変えながら赤ちゃんを前後に揺らします。この揺らし方は、この章で取り上げるすべてのバランス感覚の基本となるものです。

基本のおさらい

ヨーガ体操を行う時は

- 気持ちよく行いましょう。自分の体をよく知って、よい精神状態で行います。
- 赤ちゃんの背中が楽にあなたに寄りかかるようにしましょう。ヒザの上、ベッドや床の上であなたの両脚の間、または前に座らせます。
- いつも赤ちゃんとの意思疎通（28ページ参照）から始めましょう。ヨーガを始めることを赤ちゃんに伝えるのです。
- 赤ちゃんが楽しんでやっているかどうか反応を確認しながら、徐々に動きの大きさ、スピード、激しさを上げていきましょう。

ポーズの注意点

立って行う時の、あなたの注意点は以下の通りです。

- 背中はまっすぐに
- 骨盤はやや前へ
- 両ヒザはやや柔軟に
- 両脚は少し開く
- 両肩は下げる
- 首の後ろを伸ばし、アゴは引く

股関節の体操　その2

これは32、33ページで紹介した、生まれたばかりの赤ちゃんに行う股関節の体操その1に、いくつかの新しい運動を加えて激しくした体操です。この体操を毎日行うことで、消化機能が活発になり、ガスがたまりにくく便秘しにくくなります。今回も引き続き、赤ちゃんの関節を開き柔軟にするための体操をします。そしてお腹側も背中側も、骨盤の筋肉をすべて強化します。

28ページで紹介したように赤ちゃんと意思疎通をはかることから始め、全身、または服を着せたままの簡単なマッサージを行ってから体操に入りましょう。

1　ヒザを回す

赤ちゃんのヒザを曲げて持ち、左右の脚をそろえて左から右へと円を描きます。この時できるだけ赤ちゃんの体に近い位置で回しましょう。最初は小さな円から始めて、赤ちゃんがこの動きに慣れてきたら大きく動かします。

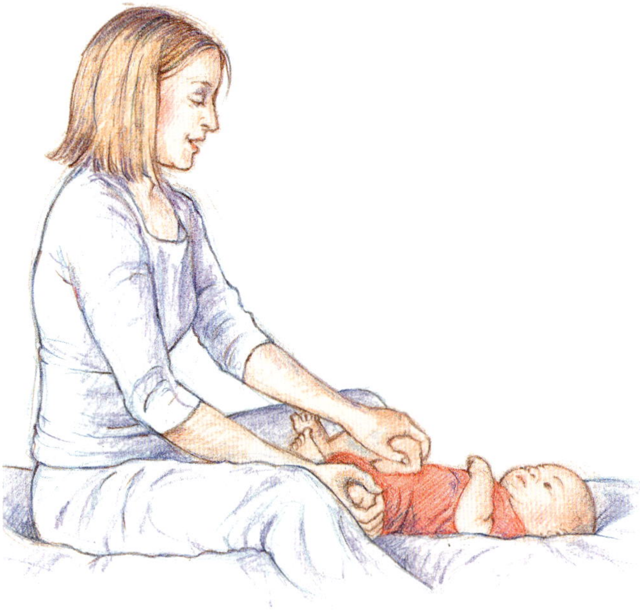

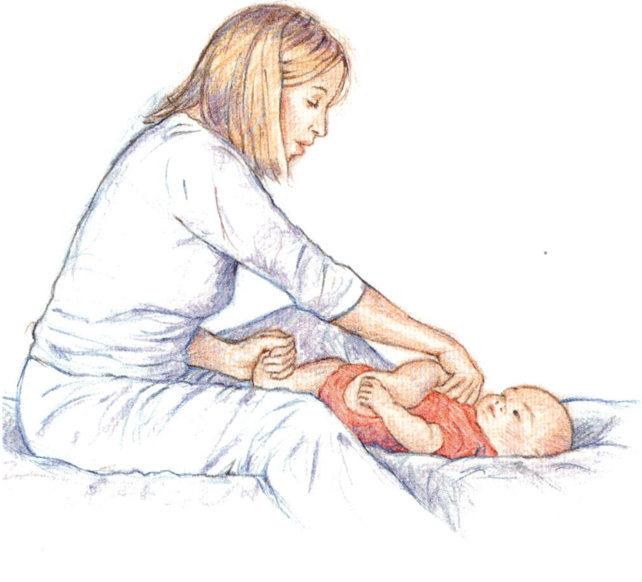

2　片足だけの蓮華座

練習によって赤ちゃんの股関節がより柔軟になってきたら、足を伸ばして少し遠く、反対側の腰やわきの下まで持っていきます。赤ちゃんの柔軟性が高ければ、足が鼻かおでこに届くこともあります。

注意：このポーズは決して無理にはやらないこと。抵抗を感じたらそこでやめましょう。

3　チョウチョのポーズ

左右の足の裏を合わせて、赤ちゃんの股関節を広げます。片手で赤ちゃんの両足を持ち、そのまま脚の付け根に向かって可能なかぎり押します。
力を緩めて赤ちゃんの両足をあなたのほうに伸ばし、また2、3回続けます。腰の調整力をつけるために、両足を腰の上で両方向に回してみてもよいでしょう。

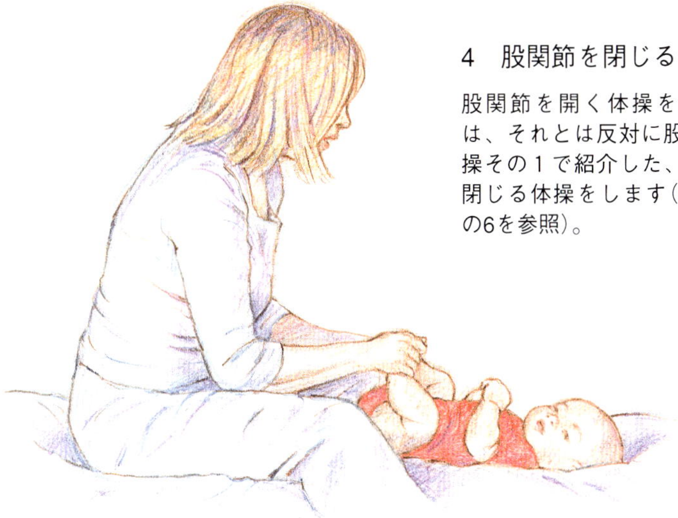

4　股関節を閉じる

股関節を開く体操をしたあとは、それとは反対に股関節の体操その１で紹介した、股関節を閉じる体操をします(34ページの6を参照)。

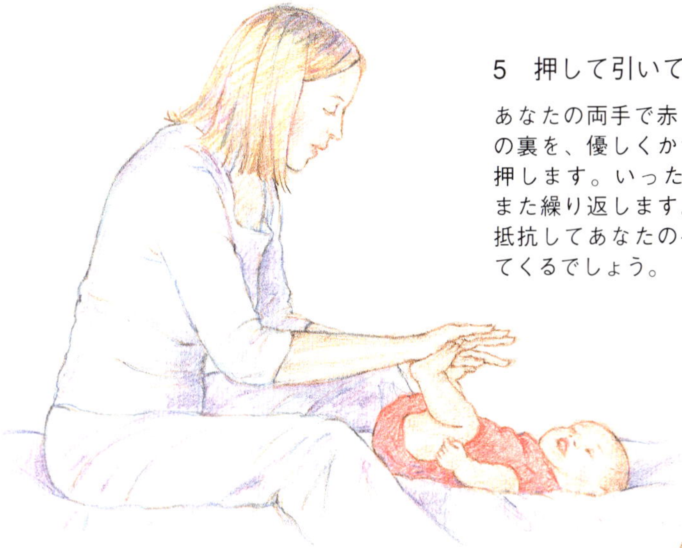

5　押して引いて

あなたの両手で赤ちゃんの両足の裏を、優しくかつしっかりと押します。いったん力を緩め、また繰り返します。赤ちゃんは抵抗してあなたの手を押し返してくるでしょう。
赤ちゃんの反応を感じたら、押す力を強めます。片足ずつ押すと、赤ちゃんの蹴る動作を促します。

6　脚を持ち上げて落とす

最後はこのリラックスできる体操で締めます。赤ちゃんに、呼吸の調整法を教えることにもなります。

片手に赤ちゃんの脚をそれぞれ持って、体と垂直になるくらい持ち上げ、ストンと力を抜いて落とします。あなたの呼吸は、持ち上げる時に吸って、力を緩める時に吐きます。

注意：赤ちゃんを見て、大きく持ち上げても大丈夫そうだと判断できるまでは、腰を床から離さないこと。

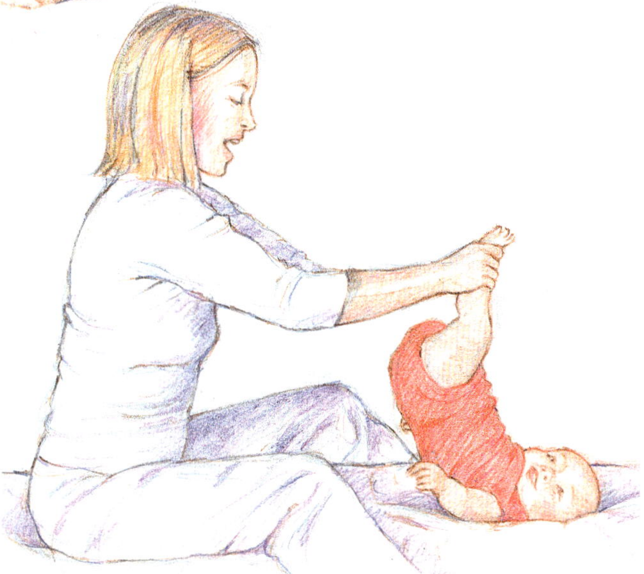

ひねる体操

股関節の体操その1では、静的なポーズで背骨をひねる体操をしましたが、この段階では、それに体を回す動きを取り入れていきます。体をひねる動きは、赤ちゃんの背骨全体に影響を与え、胸と肩を開いて外に広げられるようになります。この体操では、赤ちゃんを動かす動作に自分の呼吸を合わせ、常に赤ちゃんの目を見て行うように心がけてください。ほとんどの赤ちゃんが、このひねる動きをとても喜びます。リズミカルにひねってあげると、特に喜ぶでしょう。

上半身を使った体操をする前にこのひねる体操を行うと、良い準備運動になります。赤ちゃんは生まれてから、自ら両腕を開くこともなく過ごしてきたわけですから、この体操は必要不可欠のものであり、敏感な赤ちゃんにとっては特に欠かすことにできない体操だと言えるでしょう。

1　マッサージをしながら背骨をひねる

全身をひねる体操とそのあとのストレッチは、マッサージと組み合わせて行うとよいでしょう。赤ちゃんの服を脱がせて行う場合は、赤ちゃんの胸の両端から始めて、肩、腕とマッサージしていきます。

注意：赤ちゃんの両脚を横に回すときは、背骨を床につけたままで行うこと。

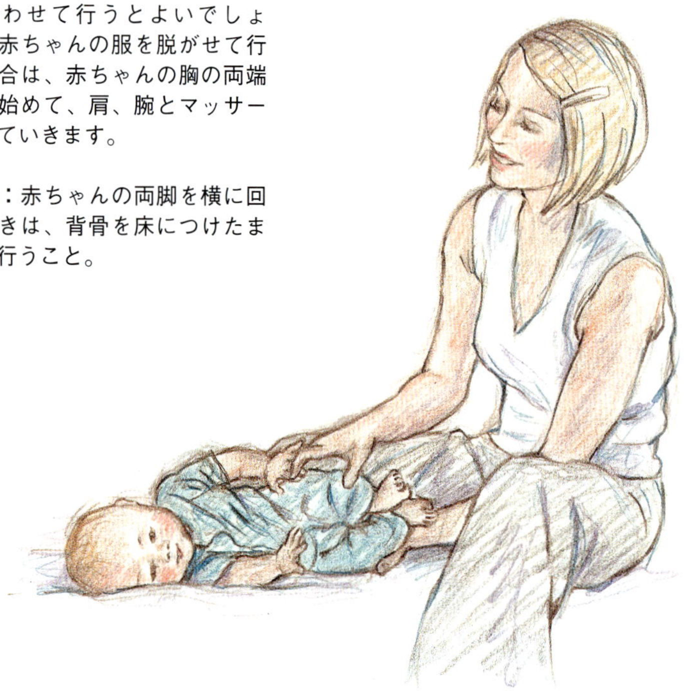

股関節の体操その1の時と同じように赤ちゃんを仰向けに寝かせ、両ヒザをそろえてあなたの左手で持ち、お腹のほうに曲げます。息を吸って、ゆっくり吐きながら赤ちゃんのヒザをあなたの左手側に、体の線と平行に倒します。

それと同時に、あなたの右手の手のひらを赤ちゃんのお腹に置き、優しく左肩に向かってなでます。手は軽くブラッシングするように動かして、肩を少し開くようにします。終わったら手を赤ちゃんから離して自分のほうに戻しながら、ひねっていた背骨も元に戻します。

自分の呼吸を意識しながら、この2種類の動きを2、3回繰り返し、反対側へも同様にひねります。

少し休んで、そのままの姿勢で、あなたも背骨をひねる体操とストレッチを行います。

2　対角線ストレッチ

このストレッチは、背骨を思い切りひねる体操とセットで行うととても効果的です。

注意：このストレッチを行う時は、赤ちゃんの首の後ろと頭を床から離さず、そして背骨をしっかり伸ばすこと。

コメント：
「背骨のひねり」もそうですが、このストレッチも無理せずゆっくりやって下さい。

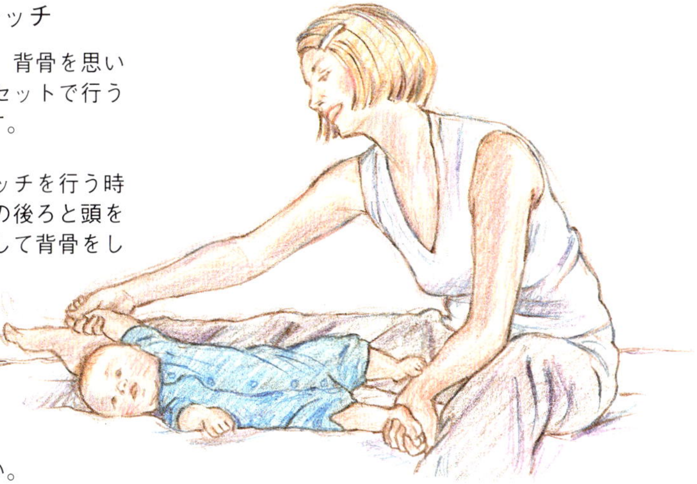

赤ちゃんの右足と左手を持って、まず近づけそれから対角線上に開く動きを数回繰り返します。最初は赤ちゃんをこの動きに慣れさせるため、開くだけで伸ばさないようにしますが、慣れてきたら腕と脚を逆方向に伸ばしてあげます。

反対の手と足でも同様に繰り返します。

3　足と手を結ぶストレッチ

赤ちゃんの体を更に柔軟にする時や、少し大きくなった赤ちゃんには、この対角線ストレッチの応用を試してみましょう。

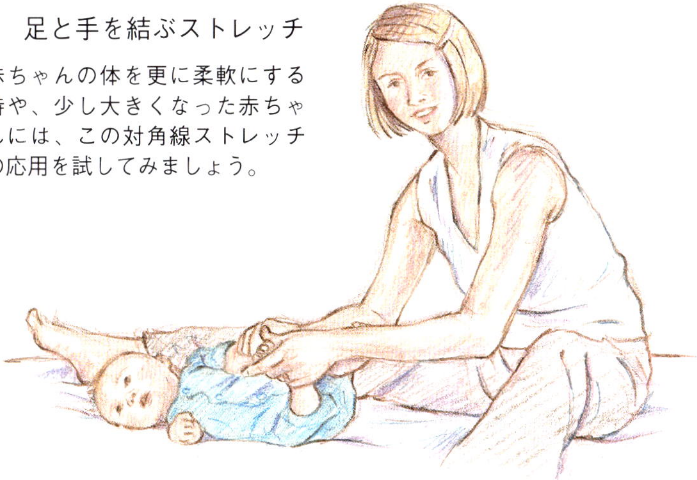

赤ちゃんの右脚を左腕のほうに上げ、それぞれを交差させて逆向きにストレッチさせます。脚と腕をヒモで結んで開くように、あなたの両手を交差させるのです。

4　頭を使う回転体操

これは更に複雑な対角線ストレッチで、背筋を鍛えるだけでなく、四肢の筋肉の調整力を促進するものです。

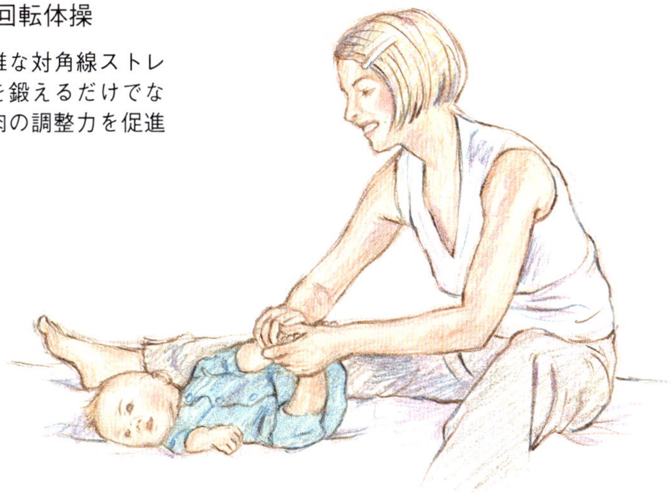

赤ちゃんの腕と脚を、左右が逆になるようにあなたの両手でそれぞれ持ち、少し離して両方同時に数回内向きに回します。そのあと今度は両方とも外向きに回します。

最後は腕と脚を、一方は内向き、もう一方は外向きでという具合に同時に逆向きに回し、その逆回転も行います。スムーズに回せるようになるまでは2、3回試してみる必要があります。この体操はあなたの頭と手の調整力も試されます。

肩立ちのポーズと体を折りたたむポーズ

股関節の体操その1、その2では、赤ちゃんの脚を優しく伸ばす動きや、最初は少しだけ上げた脚を垂直に持っていって最後は落とす動きで、赤ちゃんに「ストレッチ」と「リラックス」の違いを教えてきました。今度は赤ちゃんの姿勢はそのままで、あなたのヒザに仰向けに乗せたり、両脚の間や前に赤ちゃんを置いてその違いをよりはっきりと教えます。

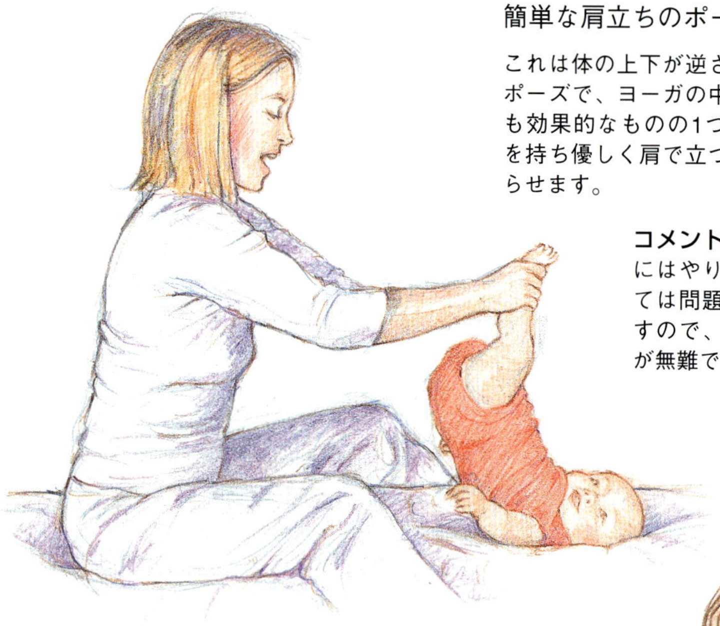

簡単な肩立ちのポーズ

これは体の上下が逆さまになるポーズで、ヨーガの中でもとても効果的なものの1つです。足を持ち優しく肩で立つ体勢をとらせます。

コメント：肩立ちにはやり方によっては問題がありますので、控えた方が無難です。

赤ちゃんの両足首を持ち､両脚をお尻が床から離れるまで上げて垂直にします。赤ちゃんの肩と頭は床につけたまま､それ以外の体を持ち上げて伸ばすのです。

しばらくそのままの状態を保ち、赤ちゃんの様子を見て、お尻と脚をストンと軽く落とします。この体操は赤ちゃんにとって最初の予感ゲームになります。特に、動きに合わせて声を上げていったり下げていったりすれば分かりやすいでしょう。例えばこんなふうに。「上げて、上げて、上げて･･･ドーン！」

折りたたむポーズ

赤ちゃんが肩立ちのポーズを喜ぶようなら、それを少し膨らませた体操を試してみるといいでしょう。

上に持ち上げた赤ちゃんの両脚を、赤ちゃんの頭上に持っていき折りたたむようなポーズをとらせます。それから脚をストンと落として、体をまたまっすぐにします。

注意：赤ちゃんが嫌がるようなら、もう少し大きくなってこのポーズの完全版ができるようになる時期まで待ちましょう。

床の上を飛ぶポーズ

このリズミカルな動きによって赤ちゃんに楽しいという感覚を味わわせてあげましょう。そしてできるだけ長く赤ちゃんとアイコンタクトを取るのです。このポーズをとると、赤ちゃんの重みであなたの腹筋力が回復され、赤ちゃんはあなたが脚を上下に動かすことで飛んでいる感覚を楽しむことができるのです。

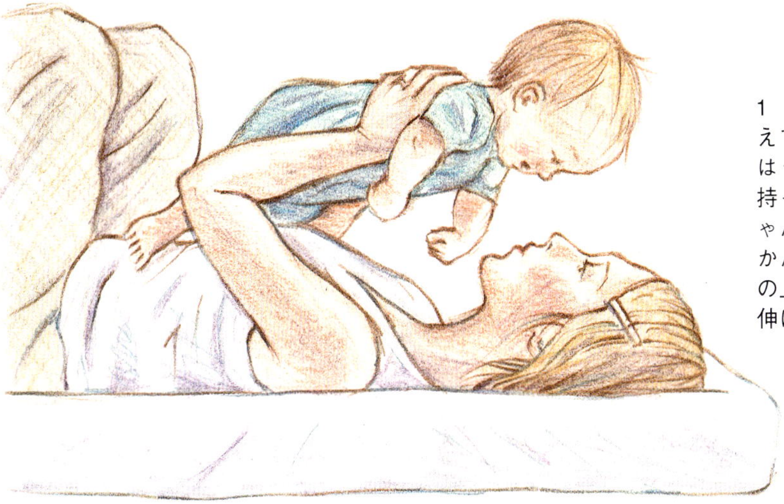

1　仰向けに寝て両ヒザをそろえて胸のほうに折り、赤ちゃんはうつ伏せにしてあなたの上に持ってきて向き合います。赤ちゃんのわきの下を手で優しくつかんで折り曲げたあなたのヒザの上に持ち上げ､スネの上で体を伸ばした赤ちゃんを支えます。

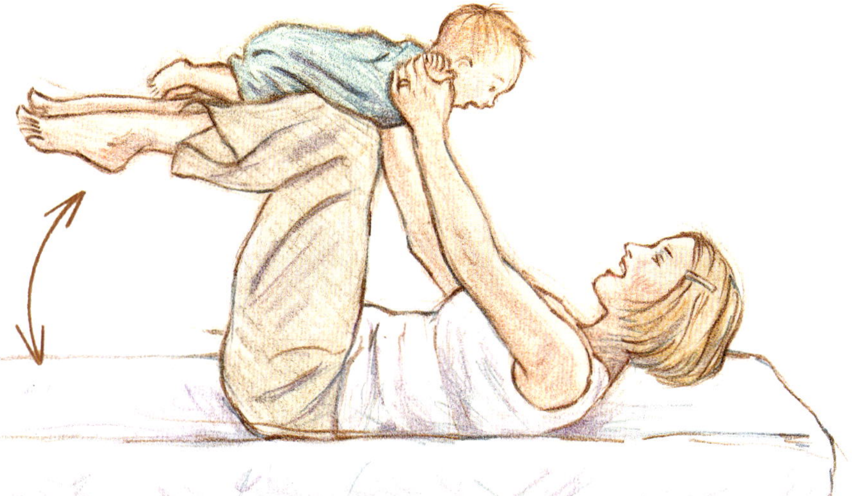

2　赤ちゃんの両手か両手首を持ち、あなたの両脚をリズミカルに上下に動かすと、赤ちゃんは自分が飛んでいるように感じます。これはあなたの腹筋を使った動きですが、息を吐きながらアゴを引いて頭を持ち上げれば、更に鍛えられるでしょう。息を吸いながらゆっくりとヒザを折り､息を吐きながら脚を上げます。脚の上の赤ちゃんは､同じ姿勢に保つようにしましょう。

宙返りのポーズ

赤ちゃんを逆さまに持つのは大胆な格好に見えますが、実はとても安全なポーズです。赤ちゃんが喜ぶポーズであるだけではなく、逆立ちによる効果と同じものがすべて得られるのです。逆立ちはハタヨーガの主要なポーズの1つで、背骨を伸ばし、脳の循環機能を高め、肺の粘液をきれいにし、すべての神経系統を刺激するという効果があります。ここで紹介する方法に従って注意深く行い、このポーズの面白さを赤ちゃんと一緒に存分に楽しんでください。この逆さまポーズの前に、肩立ちのポーズ(52ページ参照)をやるとよい準備運動になります。

自信がついたら、後ろから前、前から後ろ、横回りなどいろいろなやり方で宙返りのポーズをやってみましょう。

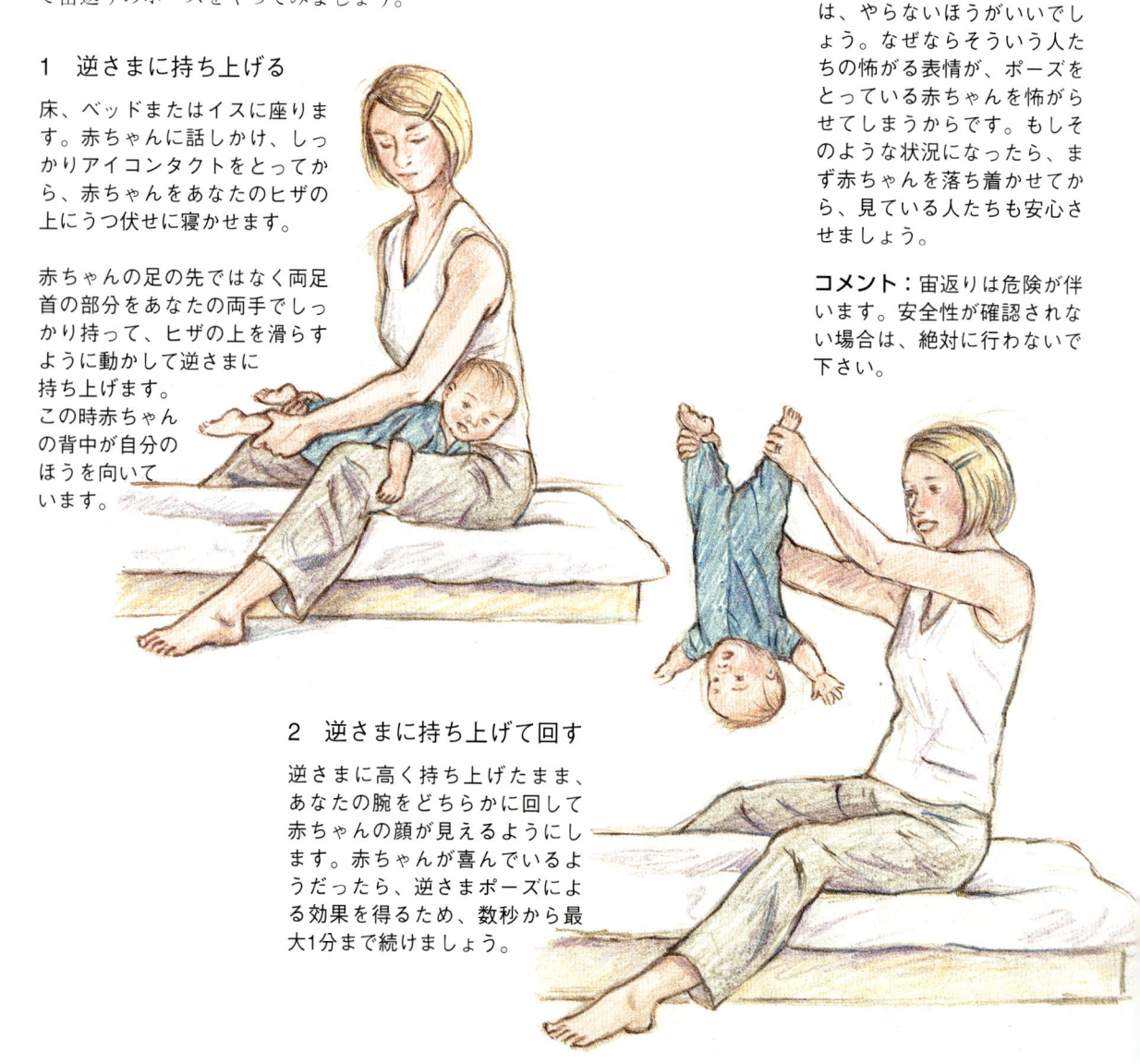

注意

- 自分の赤ちゃんに逆さまのポーズをとらせるにあたって、何か気になることがある場合は、医者のアドバイスを受けること。
- このポーズは、ヨーガに親しみのない人や赤ちゃんとあまり接しない人たちの前では、やらないほうがいいでしょう。なぜならそういう人たちの怖がる表情が、ポーズをとっている赤ちゃんを怖がらせてしまうからです。もしそのような状況になったら、まず赤ちゃんを落ち着かせてから、見ている人たちも安心させましょう。

コメント：宙返りは危険が伴います。安全性が確認されない場合は、絶対に行わないで下さい。

1　逆さまに持ち上げる

床、ベッドまたはイスに座ります。赤ちゃんに話しかけ、しっかりアイコンタクトをとってから、赤ちゃんをあなたのヒザの上にうつ伏せに寝かせます。

赤ちゃんの足の先ではなく両足首の部分をあなたの両手でしっかり持って、ヒザの上を滑らすように動かして逆さまに持ち上げます。この時赤ちゃんの背中が自分のほうを向いています。

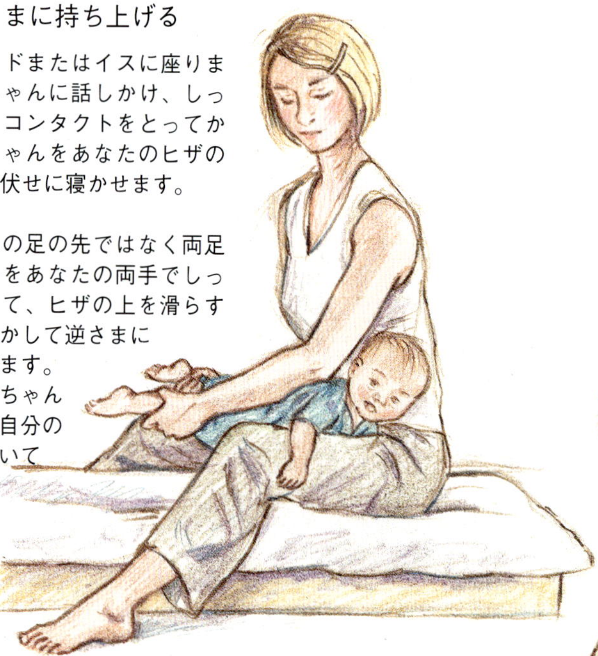

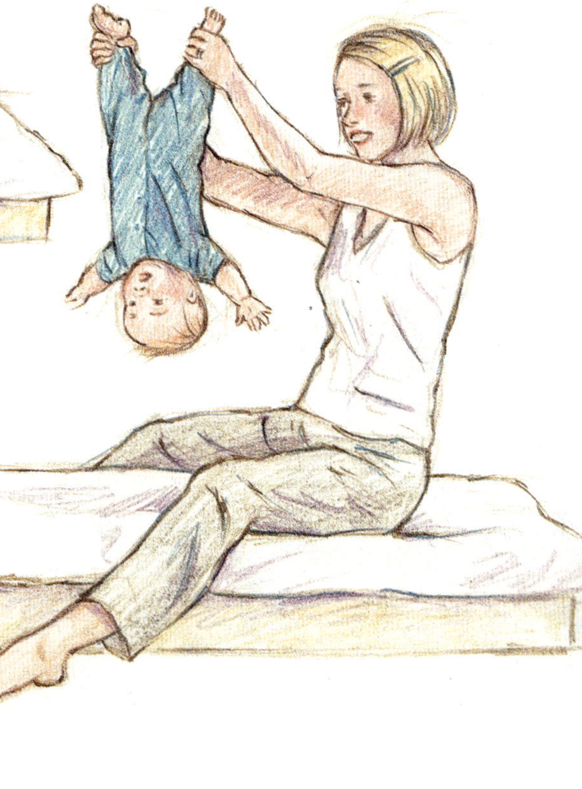

2　逆さまに持ち上げて回す

逆さまに高く持ち上げたまま、あなたの腕をどちらかに回して赤ちゃんの顔が見えるようにします。赤ちゃんが喜んでいるようだったら、逆さまポーズによる効果を得るため、数秒から最大1分まで続けましょう。

3　下ろす

赤ちゃんを下ろす時は、顔は上でも下でも自分がやりやすいほうで構いませんが、ちゃんと安全を確認してから下ろしましょう。あなたの太ももに赤ちゃんの肩か胸をつけてから、優しく脚を落として、うつ伏せもしくは仰向けであなたの脚の上に横に寝かせます。

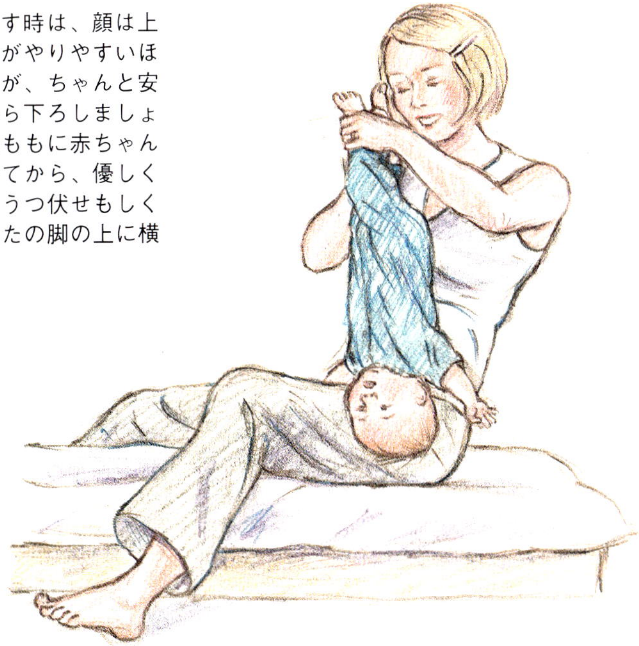

4　休息する

赤ちゃんの体を、必要なら向きを変えてヒザの上か両脚の間に置き直します。赤ちゃんに自分の状態が分かるまで少し時間をおいて、それから持ち上げて抱き締めてあげます。

赤ちゃんが楽しんでもっとやりたがっていたら、あと2、3回この体操を繰り返します。

注意

赤ちゃんを下ろす時は、頭からあなたのヒザに着いてしまって首を圧迫することのないように、まず肩か胸をつけるように気をつけましょう。

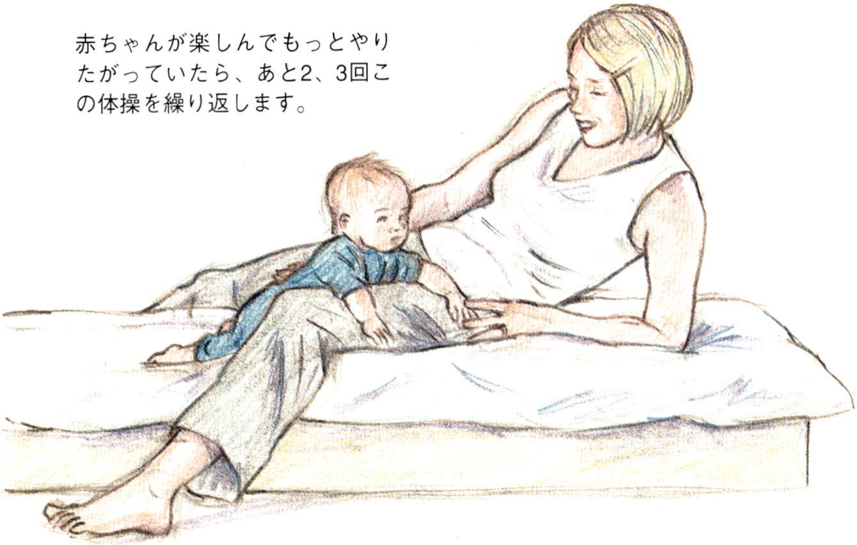

背中のストレッチ

どんな動きも無理には行わないというヨーガの原則に従うと、生後2ヶ月未満の赤ちゃんには、うつ伏せにしてストレッチをさせるのはまだ早く、頭と首の自然な動かし方を教えてあげるのが精一杯です。しかし生後3ヶ月目は、背筋が強くなり背骨がまっすぐになってくる頃なので、うつ伏せの状態で頭を上げようとし始めると思います。こうなると赤ちゃんは、背中を反って一生懸命背骨を伸ばそうとするので、背中のストレッチを始めるには絶好のタイミングです。

これから紹介するストレッチは、赤ちゃんの消化機能を刺激し、呼吸法を向上させ、1人で動き始めることに備えて背中を強化する効果があります。

小さなコブラのポーズ その1

このヨーガの基本ポーズを赤ちゃんにとらせるためには、まずあなたが背中を支えて脚を折って座り、赤ちゃんを太ももの上でうつ伏せして、あなたの体のほうに赤ちゃんの足が、ヒザのほうに頭が乗るように寝かせます。体の小さい赤ちゃんの場合は、あなたの動かし方が左右対称になるのでこの姿勢が良いと思います。これに対して片方もしくは両方の太ももに赤ちゃんを横に寝かせて行うと、背中のストレッチをしたあとのリラックスも十分に行うことができますが、あなたの動きは左右対称ではなくなります。大きくなった赤ちゃんなら、床に寝かせても行えます。

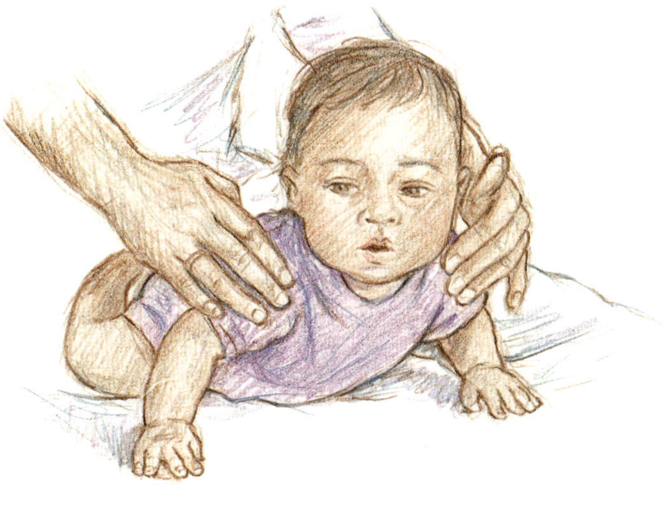

まず赤ちゃんの背骨を上から下にマッサージします。そして赤ちゃんの胸の下にあなたの両手を入れて肋骨を持ち、背骨の両側にある肋間筋を親指でなぞります。中心から外側へ、軽く力を入れながら動かすのです。この動きを、赤ちゃんのウエストから背中の上部まで行っていきます。

今度は、親指を赤ちゃんの肩甲骨の下に当てて肩をつかみ、親指をレバーのようにして優しくゆっくりと肩を反らします。この段階では、赤ちゃんの頭が上がっていてもいなくても構いません。

いったん手を緩めて、2、3回この動きを繰り返します。

小さなコブラのポーズ
その2

赤ちゃんを横にして寝かせ、片手で腰のあたりを下に、優しくかつしっかりと押します。それと同時に、もう片方の手を赤ちゃんのアゴの下に入れて、人差し指で胸骨をさすります。

腰を押したまま、ゆっくり赤ちゃんの胸を持ち上げます。

腰のストレッチ

小さなコブラのポーズのあとは、その1、その2どちらの場合もあなたの脚を伸ばし、このストレッチを行います。脚を伸ばしたほうが､あなたの腰やでん部、太ももの筋肉に直接響きます。

片手で赤ちゃんの両足首を持ち、もう片方の手を赤ちゃんの肩甲骨の真下に置いて、両脚を軽く無理のないところまで上げながらあなたのほうに持ってきます。抵抗を感じたらすぐに力を抜いて脚をもとに戻します。あまり脚が上がらない赤ちゃんもいれば、驚くほど高く上げられる赤ちゃんもいます。

注意：赤ちゃんが抵抗しているなと感じたらやめること。

反対のポーズ

今の反るポーズの反対をやります。赤ちゃんをうつ伏せや横向き、仰向けの状態で寝かせ、両ヒザを胸のほうへ持ってきます。そして赤ちゃんを横に優しく揺らしてあげます。

赤ちゃんがどんな体験しているかを知るために、あなたもこの2種類のポーズをやってみましょう。コブラのポーズでは下腹部から上が上がるように、腰のストレッチでは片足ずつ上げます。できるだけ深い腹式呼吸をしながら行ってください。

腕と肩のストレッチ

赤ちゃんの胸を広げ、呼吸する力を促進すると同時に、あなたへの信頼感も増すことができる簡単なストレッチです。背筋は赤ちゃんが座れるようになる前に自然と強化されるものですが、バンザイのストレッチをすればその強化が更にアップします。50、51ページで紹介したひねりの体操を行っていれば、この腕と肩のストレッチも、ほとんど無理なく行えるはずです。

注意：無理な動きは絶対にやらないように注意すること。

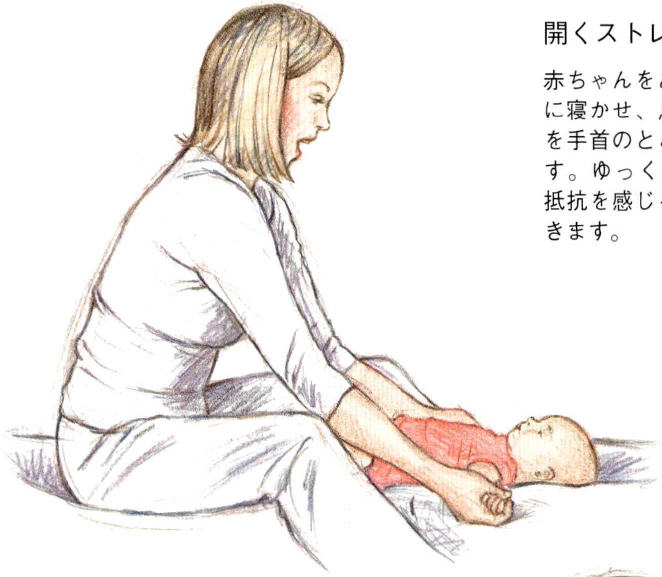

開くストレッチ

赤ちゃんをあなたの前に仰向けに寝かせ、息を吸いながら両腕を手首のところで一緒に持ちます。ゆっくり息を吐きながら、抵抗を感じるまで両腕を外に開きます。

両腕を真ん中に戻して、それぞれの腕を2回、胸の上で上、下と交差させます。これを2、3回繰り返し行います。

弧を描くストレッチ

開くストレッチと同じ体勢で、赤ちゃんの手首をそれぞれ手で持って顔の上に上げ、そこから外に向かって大きく弧を描くように動かし同じように真ん中に戻します。動きと同時に自分の呼吸にも集中します。

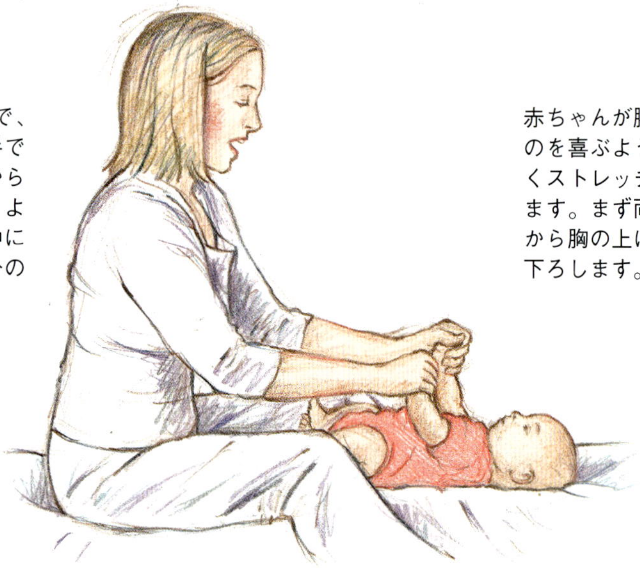

赤ちゃんが腕をいっぱいに開のを喜ぶようなら、この弧をくストレッチの反対の動作をます。まず両腕を下ろした状から胸の上に持っていって再下ろします。

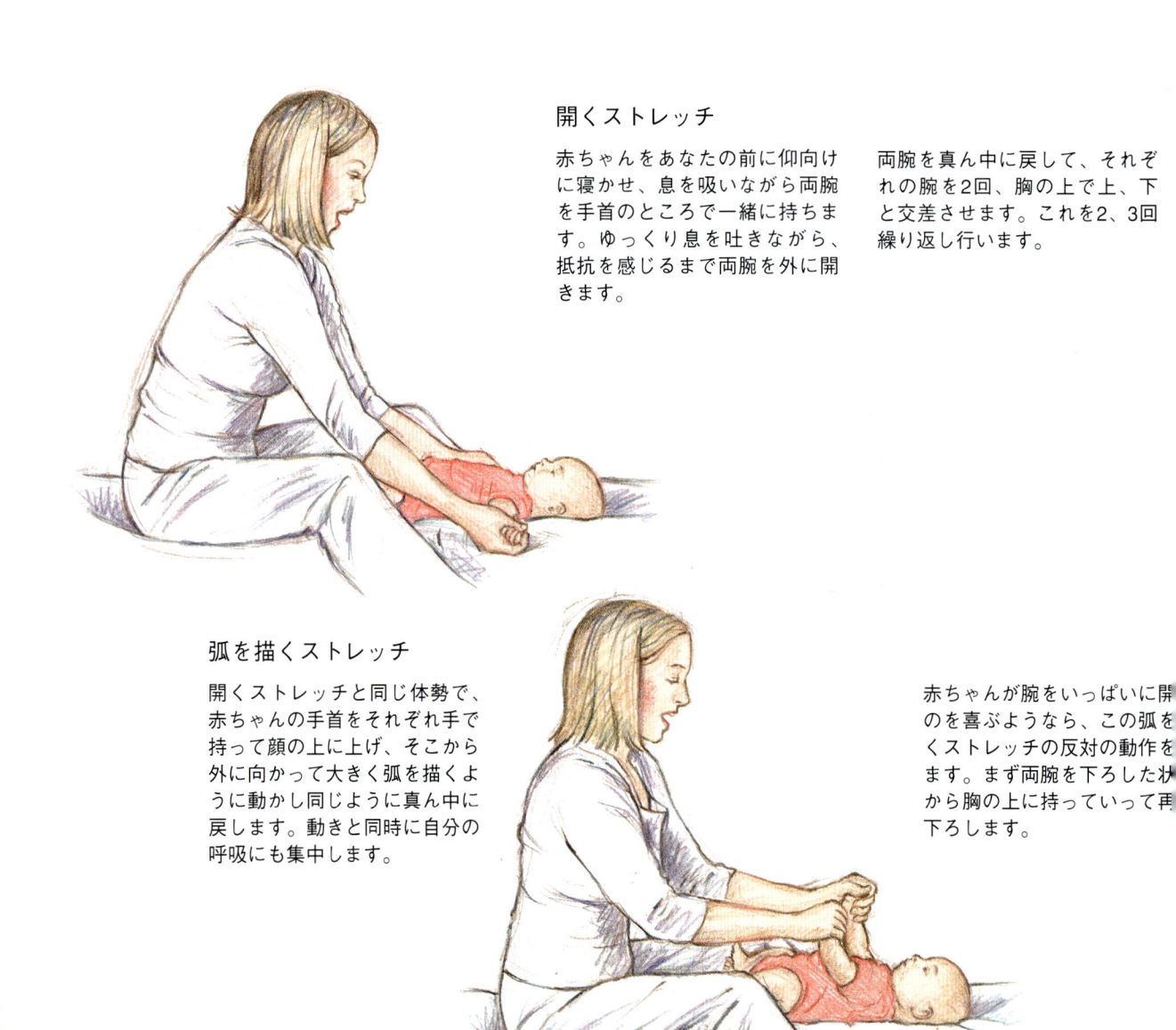

バンザイのストレッチ

このストレッチは赤ちゃんの反射握力を利用し、赤ちゃんが意識してつかまること、そして自分を持ち上げるために力を使うことを学びます。あなたは最小限の支えだけをして、赤ちゃんが自分の体をコントロールする喜びを感じられるようにしてあげましょう。

ヒザを立てて床に寝転び、赤ちゃんをあなたのお腹に向き合わせで座らせます。あなたの人差し指を赤ちゃんの手に持たせます。もし赤ちゃんが握れないようであれば、余分な力を抜いて親指と人差し指で赤ちゃんの手を握ってあげます。

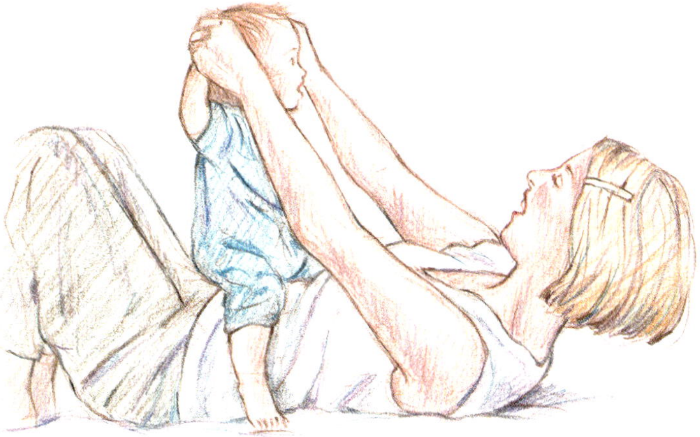

赤ちゃんの両腕を頭の横まで持っていき、そっと優しく持ち上げます。この時赤ちゃんの表情を見て、筋肉をどのように使っているかに注意します。

赤ちゃんに体を持ち上げるだけの力がない場合は、腕を引っ張って持ち上げたりせずに、優しく腕を下に戻してあげます。赤ちゃんが自分で立ち上がろうとしたら、腕を下ろさずにそのまま赤ちゃんの動きにまかせます。同様に、赤ちゃんがあなたの指をレバーのように押して立ち上がろうとしたら、それを妨げたりせずに積極的に支えてあげたり、言葉で励ましてあげたりしましょう。

クロールのストレッチ

このストレッチをする時は、赤ちゃんをうつ伏せにしてあなたの両脚に横に寝かせ、頭は一方の太ももに乗せます。大きく動かしたりそっと動かしたり、赤ちゃんの動きたいようにやらせましょう。

赤ちゃんの両腕を手首のところでそれぞれ持って、片腕を頭の上に伸ばしたらもう片方の腕は下に伸ばすという具合に、交互にゆっくり伸ばす動きをします。更に腕をクロールのように回すと、肩も思い切り動かすことになります。

もっとバランス感覚を

赤ちゃんの成長に伴い、週を重ねるごとに赤ちゃんの扱いに自信が出てきたら、バランスを取るポーズを更にいくつか試してみると、だんだん赤ちゃんはただ抱っこしてもらうのではなく、自分で抱きつけるようになってきます。それだけでなくお座りやハイハイ、たっちに備えて、背中や脚を鍛えることにもなります。もちろん赤ちゃんの気分は絶えず変化するものなので、臆病になる時もあればせっかちになる時もあると思います。バランス感覚はそういったさまざまな感情の波と波の間の「道」(ヨーガの哲学の一部)造りを促進するものです。そしてバランスを取るポーズで赤ちゃんが喜べば、あなたもそれに刺激されてもっとやってあげようという気になるはずです。

座って手すりで支えるポーズ

顔を下に向けた安全姿勢もしくは赤ちゃんの腕を持つ姿勢から、手のひらで胸を支える姿勢(46,47ページ参照)をとり、そこからあなたの腕を手すりの棒のようにして赤ちゃんを前に寄りかからせて、更に支えを軽くしていきます。このポーズは数あるバランスのポーズの基本となるものです。

最初は、赤ちゃんをあなたのヒザの上に横向きにして脚がヒザから出るように座らせて行います。あなたの腕を手すり代わりにして、赤ちゃんをその腕だけで支えるように前に少し傾けます。それから、必要ならもう片方の手を赤ちゃんのお尻に敷いて、普通に座るポーズに戻します。

これを何回か繰り返します。前に傾く動きを予想させるような言葉を使えば、楽しみながらやれるでしょう。例えば、「座るよ、座るよ、ドーン!」など何でもよいと思います。

赤ちゃんをヒザの上で顔が前を向くように座らせ、この「座って手すりで支えるポーズ」をやってみましょう。練習を重ねると、どんな向きでもあなたが手すりで支えている間、赤ちゃんはどんどん自由にバランスを取れるようになってきます。このポーズは赤ちゃんのバランス感覚を促進し、体の重心を元に戻す体験を覚えさせることになります。

シーソーのポーズ

赤ちゃんをヒザの上に横向きに座らせた状態から、片手は赤ちゃんの胸をもう片方の手は後頭部を支え、赤ちゃんをその両手の間で行ったり来たりシーソーのように移動させます。小さい揺れから大きい揺れにしていって、赤ちゃんの体もだんだん手から離すようにします。

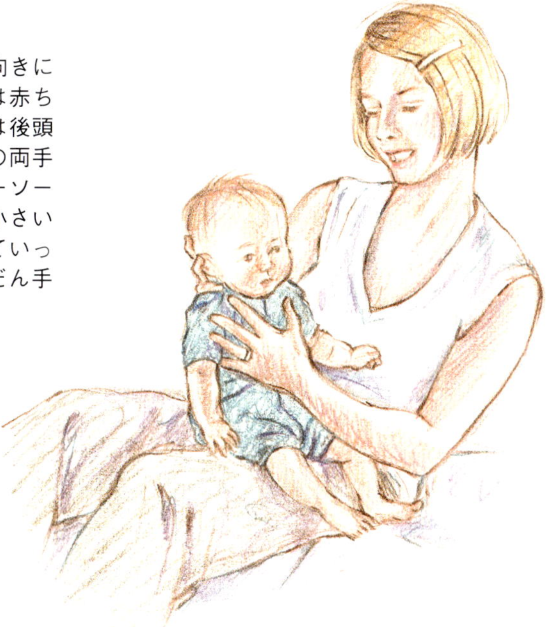

赤ちゃんが喜ぶようなら、前へ後ろへと赤ちゃんの体を離して、適切なところで受け止めます。

立って手すりで支えるポーズ

まだ脚を屈伸させたりもできないうちから、支えられて立つのを喜ぶ赤ちゃんはたくさんいます。立って手すりで支えるポーズなら、この段階の赤ちゃんにとってちょうどよい支えを与えながら体を自由にさせてあげることができます。
ヒザの上に赤ちゃんを横向きに座らせ、あなたの腕を手すりにして支えながら、赤ちゃんの足が床かベッドに着くようにします。赤ちゃんが立ちたいと感じれば、その状態で立つでしょう。もう片方の手は赤ちゃんの背中をすぐに支えられるように準備しておきますが、基本的には手すりの腕で赤ちゃんの体重のほとんどを支えるようにします。

バランス感覚から飛ぶ感覚

赤ちゃんがあなたに支えられながら宙に浮くポーズをいくつか紹介します。最初の3つは、お尻を支える持ち方や初期段階の手すりの持ち方（38、39ページ参照）を発展させたもので、赤ちゃんのお尻を手で支えてとります。赤ちゃんが成長してくると、思い切り高く上げたり落としたり揺らしたりすると大喜びするようになります。

1　お尻でバランス

このポーズは赤ちゃんの背骨を根元から鍛え、このあとの更に激しい動きに向けての準備を整えます。最初は安全を考えてベッドの上でやりましょう。

座るかひざまずくかして、赤ちゃんをなるべくお尻の下に置いた手だけで支えるようにし、もう片方の腕は赤ちゃんの胸の前で「手すりの棒」を作っておきます。その状態から「手すり」の腕の力を数秒ずつ抜き、赤ちゃんの背中がまっすぐになるようにお尻の下の手でバランスよく支えます。赤ちゃんの力とあなたの支える力が共に強くなれば、「手すり」のほうの腕は支えというよりいざという時の備えになってくるでしょう。

2　お尻を落とす

ほとんどの赤ちゃんは落ちる動きが好きで、必ずと言っていいほど、もっとやってほしいという意思表示をします。もし赤ちゃんがびっくりしてしまうようなら、39ページで紹介した、もっと優しい「軽く落とす動き」に戻って、徐々にこの動きへと発展させていきましょう。

お尻の下に置いた手で赤ちゃんのバランスをとり、もう一方の手で背中と首を支えておきます。最初は少しだけ落とし、だんだんあなたの両手をさっと速く下げて、大きく落とします。

3　お尻を上げる

この動きは、前述の落とす動きと組み合わせることもでき、更にあなたの両腕を鍛え腹筋力を回復させます。自分の呼吸を意識して行うと、ポーズがとりやすくなります。

赤ちゃんのお尻を片手で支え、もう一方の手は赤ちゃんの胸を支えます。赤ちゃんの体を横に押し出すような動きで、高く持ち上げます。

4　初めての飛行

このポーズは単純な動きなので、父親にとても好まれます。腹筋をうまく使えばできますが、相当の力が必要になります。

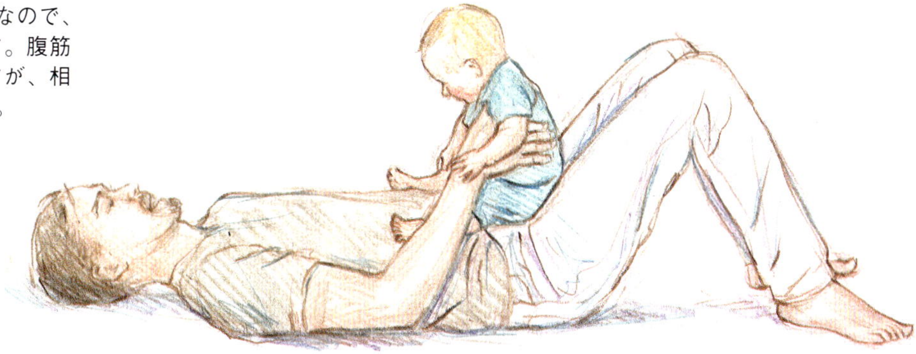

ヒザを立てて仰向けに寝て、赤ちゃんをお腹の上に向き合わせで座らせます。赤ちゃんのわきの下をつかんで持ち上げ頭上に持っていって、まるで赤ちゃんが飛んであなたを見下ろしているような格好にします。

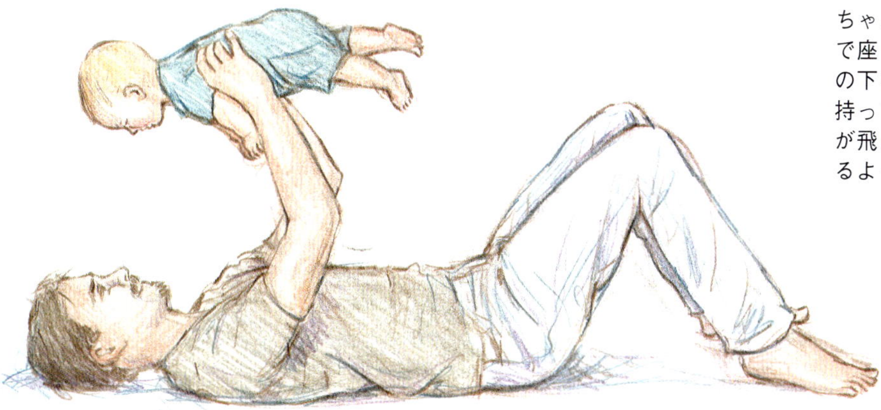

立って揺らす、落とす、高く上げる

赤ちゃんの首が据われば、これまで座った姿勢やヒザをついた姿勢で、落としたり高く上げたり揺らしたりしていたのを、立った姿勢でも行えるようになります。39ページで紹介したような、「軽く落とす」動きや「軽く揺らす」動きに喜んだ赤ちゃんは、次のような更に激しいバージョンも大好きだと思います。これらのポーズを、前と同じように赤ちゃんの顔を向こうに向けてやってもいいですし、下記のようなやり方でもできます。

横に揺らす

赤ちゃんのお尻を持ち、頭をあなたの左腕（右利きの場合）に寝かせて抱きます。その姿勢で最初はゆっくりと、徐々に赤ちゃんを左右に大きく揺らし、片方に振り切ったら一瞬止まってもう一方へ振り切るという動きを続けます。赤ちゃんが重くなってこの姿勢で揺らすのが辛くなってきたら、顔を下に向けた姿勢で振るとやりやすいかもしれません。

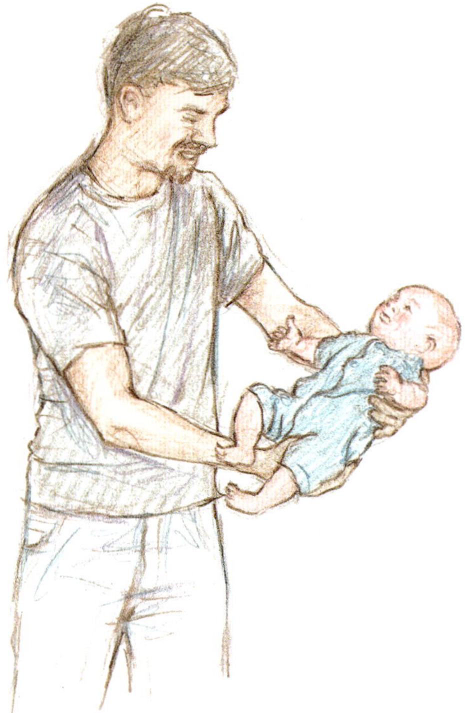

大きく揺らす

赤ちゃんが揺らされてうれしそうな表情を見せたら、腕をもっと伸ばして大きく揺らしてあげましょう。

前と同じ姿勢ですが、今度は頭を乗せていた腕を横に回して赤ちゃんの肩を包むように抱き、親指と人差し指でつかんで更に支えます。大きく揺らすと、あなたの持ち方次第では、赤ちゃんの頭が高く上がった時も下がった時も首がカクンと曲がって頭が落ちてしまうこともあるでしょう。

揺らし方は赤ちゃんの反応に合わせ、常に小さい動きから徐々に大きい動きへと移行するように心がけてください。

注意：前後に振ったり、むやみに激しく振ったりはせず、腕が胸と垂直になってきちんと頭を支えているかに注意すること。

立って落とす

ハタヨーガで行う動きを更にダイナミックに行います。赤ちゃんが頭と首をうまくコントロールできるようになると、特に父親の多くが赤ちゃんにこのような動きをさせたがります。

ヒザを軽く曲げ肩の力を抜いて、赤ちゃんの肋骨のわきをしっかりつかみます。息を吸って、赤ちゃんを顔がちょうどあなたの胸の位置にくるまで持ち上げます。それから息を吐きながら腕の力を抜き、優しく赤ちゃんを下に下げます。

赤ちゃんがこの落とす動きに慣れてきたら、もっと大きく落とせるように赤ちゃんの顔があなたの顔の位置にくるまで持ち上げます。

注意：赤ちゃんの首が完全に据わっていない場合は、このページにある2つの動きはまだ行わないほうがいいでしょう。

コメント：この動作については、危険が伴い、色々と批判もあるので、余りすすめられません。

立って高く上げる

自分の呼吸も大きくしながら、立って落とす動きを更にリズミカルに高さをつけて行っていくと、このたかいたかいの動きになります。

息を吸って、あなたの腕が上がるまで赤ちゃんを高く持ち上げます。そして息を吐きながら赤ちゃんを下に下げます。赤ちゃんをあなたの頭上には持っていかず、持ち上げる時も落とす時も赤ちゃんの体を縦にまっすぐに保ちます。

歩きながらのリラクゼーション

42、43ページで説明した最初のリラックス法は、赤ちゃんを仰向けに抱くか、あなたの体の上に赤ちゃんを寝かせてリラックスするというものでしたが、今回のリラックス法は、赤ちゃんを持って歩きながらやるものです。でもおそらくこの方法よりも前の姿勢のほうがよりリラックス感はあると思います。実際、赤ちゃんが成長するにつれて、赤ちゃんと一緒に横になってリラックスするという一般的なリラックス法の効果をますます感じることができるようになるでしょう。ですから歩きながらのリラックスは補足的であまり一般的なものではありませんが、とてもリラックス効果の高い方法なのです。小さくて軽い赤ちゃんの場合は特に効果があります。できれば毎日外に出た時に行えば、あなたが感じている緊張感や沈んだ気持ちは和らぎ、幸福感が湧き上がってくることでしょう。

1　緊張感を取り除く

まずあなたの全身の緊張感を取り除きます。理想としては赤ちゃんを抱きかかえる前に、全身をブラブラさせて力を抜きます。下あごの力を抜いて行い、ちゃんと力が抜けているか確認するために唇と舌でおならのような音を出します。少し大きくなった赤ちゃんは、これを見てとても面白がります。

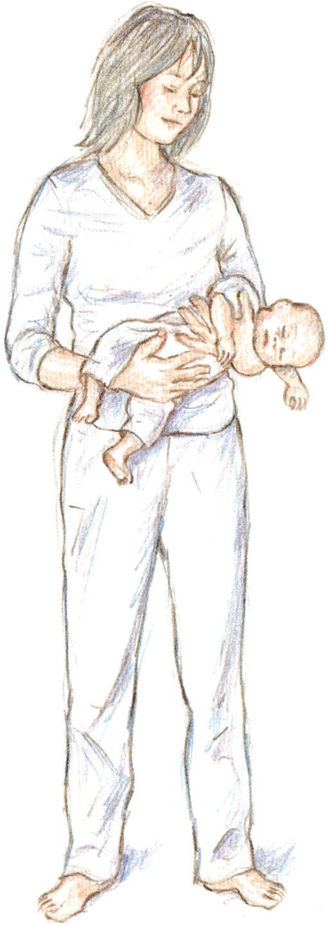

2　重心をしっかりとる

赤ちゃんの顔が下を向くように「力を抜いた持ち方」(36ページ参照)をして、歩きながら赤ちゃんを優しく数回下に下げます。この動きによって、親子とも重心がしっかりととれ、次のステップに入る準備が整うことになります。

3　あなたの姿勢

赤ちゃんを抱く際は、力を抜いた持ち方や赤ちゃんを縦にした持ち方など、赤ちゃんとぴったりとくっつくことができて、なおかつ自分が楽に歩けるような姿勢をとりましょう。

4　最初の一歩

リズミカルな動きに神経を集中させ、今この時間この空間を自分の動きで満たすようにします。これはすべてのヨーガ体操に必要不可欠なポイントです。このように心がけることで、それまで心の中に占めていた考えなどをすべて真っ白にすることができます。とにかく最初の一歩に集中するのです。

5　歩き出す

最初の一歩を踏み出し、ゆっくりと歩き始めます。歩く時は、自分の骨盤および地面に踏み出す足に対して背骨がきちんとまっすぐになっているかをチェックします。

6　呼吸

今度は呼吸にも注意を払います。息を吐くと体に残っていた緊張感がなくなるので、必要なら2、3回息を吐きます。あくびが出そうになったら出して、それから息を吸って2歩歩きます。息を吐く時間を長くすれば、次に息を吸った時に自然とたくさんの空気を吸うことができます。

7　認識する

赤ちゃんの体が自分の体に接していることを感じ、お互いの体があなたの歩くリズムに合っていることを認識しましょう。足を踏み出す場所や自分の周囲に十分に注意を向けながらも、自分の外も内も見て一点に神経を集中しないように全体を感じます。一緒になった2つの個体の中に流れる宇宙エネルギーに意識を集中するのです。

歌とヨーガを組み合わせる

この頃までには、あなたにも赤ちゃんと一緒にヨーガをやる時に使う歌のレパートリーができていることだろうと思います。子供と接しているうちに、あなたが小さい時に聞いた童謡がよみがえってきたかもしれませんし、そうでなくても、乳児や幼児向けに録音されたものがたくさんあって、それらで赤ちゃんを楽しませることができます。あなたがそれらの歌を、ヨーガの動きに合うような替え歌にして歌えばもっと効果が上がるでしょう。ヨーガの動作に歌をどんどん取り入れれば、赤ちゃんの感覚機能のすべてを刺激するコミュニケーションがとれるようになり、赤ちゃんを「喜びの上昇スパイラル」に乗せることができるのです。

これから伝承童謡2曲と遊び歌1曲を例にとって、赤ちゃんと一緒に行うヨーガに歌をどのように組み合わせるかを紹介します。これ以外にもあなたが好きな曲を、ヨーガに合うように作り変えてみるといいでしょう。

「私とフィンが疲れて機嫌の悪い時、ベビー・ヨーガをやると楽しくなり、とても役に立ちます。ヨーガ体操をやったあとは、いつも幸せな気分になり、お互いの波長が驚くほど合っているのを感じます。」

こげこげボートの歌

この歌は、赤ちゃんがヨーガ体操で胸を開くことに慣れたくらいの早い時期から、腕のストレッチと合わせて使えます。最初は背中を支えて座り、ヒザを曲げてその上に赤ちゃんを仰向けで寝かせて行います。少し大きくなると座って開いた脚の間に赤ちゃんを仰向けに寝かした状態、更に成長すれば105ページにあるように赤ちゃんも座った状態で行えるようになります。あなたが体操に参加すると赤ちゃんの満足度も増しますので、この方法で赤ちゃんと一緒にヨーガ体操を行ってみましょう。

下の写真のように、他の親子とペアになっても行えます。背中を支えずに脚をまっすぐに伸ばすことができるのなら、この体操にハタヨーガの基本的な前屈を取り入れることもできます。この姿勢には、肉体的な効果だけではなくそれ以外にもたくさんの効果があるのです。

Row, row, row your boat
Gently down the stream
Merrily, Merrily, Merrily, Merrily
Life is but a dream

ボートをこごう　川くだろう
(2人で交互に前屈。息を吸いながら後ろに引き、息を吐きながら前屈する。)
ラララ　ラララ　ラララ
ラララ
(両腕を上に。)
楽しいな
(赤ちゃんの体を反らしながら一緒に後ろに完全に倒れる。)

いとまきの歌

赤ちゃんは最初この歌を聞いて喜ぶだけですが、頭と体の調整力が高まってくると徐々に自分から楽しむようになります。これは体を大きく動かす体操なので、赤ちゃんの発育に関わるすべての感覚機能を刺激することになります。伸ばす時と力を抜いた時の差をはっきりつけながら、繰り返しいろんな動きを入れて行いましょう。赤ちゃんがぐずったりして機嫌が悪い時でも、一瞬でそれを忘れさせてしまいます。

あなたの太ももやヒザの間に、赤ちゃんを向こう向きに座らせて行いましょう。赤ちゃんの両手をそれぞれ持って、歌に合わせて動かしてあげます。

Wind the bobbin up,
Wind the bobbin up,
Pull, pull,
Clap, clap, clap.
Point to the ceiling,
Point to the floor,
Ppint to the window,
Point to the door.
Wind the bobbin up,
Wind the bobbin up,
Pull, pull,
CLAP, CLAP, CLAP!

いとまきまき
いとまきまき
(糸を巻く動き。)
引いて　引いて
(両腕を横に伸ばす。)
トン　トン　トン
(両手を合わせて拍手。)
(繰り返し)
天井はどこかな
(片手を上げる。)
床はどこかな
(片手を下げる。)
窓はどこかな
(片手を右に伸ばす。)
ドアはどこかな
(片手を左に伸ばす。)
いとまきまき
(上と同じで糸を巻く動き。)
いとまきまき
引いて　引いて
トン　トン　トン
(最後は大きく拍手。)

ホーキーコーキーの歌

赤ちゃんの全身を使う遊び歌です。この歌は終わりのない歌で、ここでは脚の体操の時に使う最初の1節だけ紹介しますが、同じように腕も動かして最後は体全体で縮んだり伸びたりするとよいでしょう。リズムの変化を利用して楽しむこともできます。大きくなった赤ちゃんには特に、テンポを上げて行うと効果的です。動きを繰り返すたびに、どんどんテンポを上げていくのです。ホーキーコーキーは、雨の日が寒い日など赤ちゃんを外へ連れ出せないような日や、お互いが楽しいことで気晴らしをしたいと思った時にやるのが最適です。

「いとまきの歌」と同じように座って行うのがベストですが、あなたがやりやすければどんな姿勢でやってもいいと思います。あなたに力もやる気もある時は、サビの部分で下の写真のように赤ちゃんを頭上に高く持ち上げてあげると、もっと赤ちゃんは喜ぶでしょう。

You put your right foot in,	右足を中に
Your right foot out,	右足を外に
In, out, in, out,	中に　外に　中に　外に
Shake it all about,	ブラブラと振って
You do the hokey cokey	手品みたいに動かそう
And you turn around,	グルッと回って
And that's what it's all about!	そうさ　その調子
Oooh, the hokey cokey,	さあ遊ぼう　ホーキーコーキーで
Oooh, the hokey cokey,	さあ遊ぼう　ホーキーコーキーで
Oooh, the hokey cokey,	さあ遊ぼう　ホーキーコーキーで
Knees bent,	ヒザを曲げて
Arms stretched,	腕を伸ばして
Ra Ra Ra!	Ra Ra Ra!　ラ　ラ　ラ
You put your left foot in···	左足を中に･･･　続く

その他の遊び

赤ちゃんと一緒にお手玉遊び

シャボン玉飛ばし

色のついたスカーフを使ったゲームやストレッチ

いないいないバア

遊びながらのヨーガ体操

2人目の子供が生まれるまで、赤ちゃんがお兄ちゃんやお姉ちゃんと一緒に遊ぶところを見ることはないわけですが、たいていの親は、生まれたばかりの赤ちゃんでもゲームをするのが大好きなことに気づくでしょう。小さい時から赤ちゃんとの触れ合いに遊びの要素を取り入れてあげると、赤ちゃんは遊びというものが、その他のどんな活動とも違うということがすぐ分かるようになります。遊びの要素をヨーガ体操に取り入れることで、赤ちゃんは人生が楽しいものだということを、(授乳とはまた違った角度から)体で確信することができるのです。

ボールを使った遊び

ボールはおそらく最も古いおもちゃだと思います。赤ちゃんはみんな、ボールや風船が大好きですし、最初に覚えた物の名前が「ボール」だという場合も多いです。ボールを使って他の家族や他の赤ちゃんと一緒に遊ぶことで、ヨーガ体操の幅も膨らみます。円になって座るか、大人2人で向き合い脚を伸ばしてひし形を作り、赤ちゃんをその中に入れます。ボールは赤ちゃんがケガをしないように小さくて柔らかいものを使います。赤ちゃんは最初、あなたがボールで遊ぶのを見て喜びます。あなたが考えつく限りのゲーム(例えばミニサッカーなど)をたくさん見たりやったりすることで、頭と体の調整機能が刺激され目で見たものを手で触ることができるようになり、すぐに自分でボールをつかめるようになるのです。

4 生後4ヶ月から8ヶ月までとそれ以降
ヨーガを楽しむ　ヨーガで成長する

赤ちゃんが誕生してからというもの、あなたは赤ちゃんと一緒に遊び、その中で何かをできるようになると、それがどんなに小さなことでも、その度に赤ちゃんと一緒に喜んできたことと思います。ヨーガは、赤ちゃんの体を強く、しなやかに、バランスよくするだけでなく、すべての感覚を利用してあなたとコミュニケーションをとる能力を高めてくれます。この段階になると、赤ちゃんの反応の仕方も変わってきます。赤ちゃんは自分からあなたに行動を起こし、同時にあなたからの行動を期待するようにもなります。この両方を経験することによって、赤ちゃんは大きな喜びと満足感を得ながら成長していくのです。

赤ちゃんは、もう物に手を伸ばしてつかむことができるはずです。ガラガラなど音の出る物や柔らかいオモチャも大好きですが、自分の手や足にも興味を示します。手や足で遊び、口に入れたり自分の思った通りに動かしてみたりすることで、周りの物や状況を自分の力で変えられるということを日に日に学んでいきます。人の顔やその表情(だいたいが親であるあなたの)にも、ますます興味を持ち、格好の遊びの材料となります。そういった遊びを通し、赤ちゃんはあらゆる状況を利用して成長に欠かせない能力を発達させているのです。

親子2人で行えて、赤ちゃんだけでなくあなたのヨーガも同時に発展できるようにするには、今までよりももっと激しい運動をして赤ちゃんを宙に高く上げたり投げたりするか、もっと歌や踊りを取り入れるか、もっと長い時間赤ちゃんを抱いてリラックスするか、またはこれらをすべて組み合わせる必要があります。お座りやハイハイができるようになってからも、あなたの体の上に仰向けで寝るポーズを喜ぶ赤ちゃんもいますが、あなたと離れて、自分でヨーガを取り入れたゲームなどをやりたがる赤ちゃんもいます。

この時期になると、赤ちゃんは自分の動きをしっかりコントロールすることができるようになり、自分の周りの世界に興味を持ち始めます。赤ちゃんに必要なのは、楽しむことと成長することです。これには毎日の短時間のヨーガ体操が効果的ですから、ポーズをとる時は必要最低限の支えだけにとどめながら、赤ちゃんの動きを絶えずほめるのを忘れずに行ってみましょう。

この時期にあなた自身のヨーガ体操を再開させたり、発展させたりすることも、成長過程にある赤ちゃんには効果があります。理想としては毎日の赤ちゃんとのヨーガ・メニューに自分のポーズも組み込むことができれば、赤ちゃんとの最初の合同活動(赤ちゃんとの水泳をやっている場合は別ですが)になります。あなたが自分の楽しみと成長のために体を動かしていれば、きっと赤ちゃんもあなたのマネをして運動に参加したくなるはずです。

力強く、リズミカルに、楽しく

生後5ヶ月目から7ヶ月目の間のある時期に、赤ちゃんは今までとは違う段階に入ったことを示す行動をします。床の上で自分の足をつかんだり寝返りを打ったり、またはその両方をやったりと、自分からヨーガのポーズをとって見せ始めるのです。これは赤ちゃんの体力が成長の段階に応じて発達してきた結果であると同時に、あなたがストレッチをさせたり持ち上げたり、押したり引いたりさせてきたことの結果なのは間違いありません。

赤ちゃんが、身につけたばかりの能力を使って自分を取り巻く世界を探索し始めたら、ヨーガ体操もそれに合わせて変えていく必要があります。ただ練習方法が全く違うものに変わるというわけではなく、雰囲気と目的が変わってくるということです。これからのヨーガは、赤ちゃんが体を自由に動かせるよう、肉体的に一人前になるようにすることが目的になります。しかしそうなるまでには、まだあなたと触れ合い、安心できる環境が必要です。赤ちゃんはあなたが、自分の努力をちゃんと見ていて手助けしてくれ、イライラした時はなだめてくれ、何かが成功したら一緒に喜んでくれると信じているのです。

ヨーガ・モードにさせる

前に、お互いがヨーガを楽しめるようなヨーガ・モードに入る時(26、27ページ参照)は、赤ちゃんのほうの受け入れ態勢が整っているか確認することが大事だと述べました。ここでは赤ちゃんに主導権を握らせてあげます。あなたはただ、赤ちゃんが楽しみと成長を求めて自分からヨーガ・モードに入っていけるようなスペースを作ってあげるだけでよいのです。(ヨーガのスタート時にすでに生後5ヶ月を過ぎている場合は、この始め方がいいと思います。)次に挙げた簡単な瞑想を行えば、うまくスペース作りができるでしょう。

- 赤ちゃんに触れたり足をつかんだりする前に、まず赤ちゃんが仰向けに寝ている前へ行き、いつも股関節の体操を始める時のように足を伸ばして座るか正座をします。
- 赤ちゃんを見て、もしできるようならアイコンタクトをとります。赤ちゃんに話しかけてもいいですし、黙って見ていても構いません。それと同時に16、17ページで紹介した方法で、あなた自身も意識を集中させましょう。
- 心の中に、成長した赤ちゃんのためのスペースを作ります。もう生まれたばかりの赤ちゃんではなく、どんどん自分から離れていく認識を持ちます。それによって悲しみや不安を感じた場合は、その気持ちを心に留めておきます。
- 赤ちゃんの動きを目に焼きつけます。寝返りを打ったりお尻を持ち上げたり、あなたが自分の世界に入り込んでいる時は注意を引こうと大声で叫んだりと、最近覚えたことを試しているか

もしれません。

- 言葉と簡単なポーズで赤ちゃんに答えてあげます。例えば、息を吸いながら赤ちゃんの両脚を持ち上げて伸ばし、息を吐きながらポンと落とすというような「ストレッチとリラックス」の動きなどがいいでしょう。
- 赤ちゃんの前で、深呼吸をしながら思い切りストレッチをします。

リズミカルに

成長に伴い起きている時間が長くなってきたら、活動している時と休んでいる時、ストレッチとリラックス、起きている時と寝ている時の違いを更にはっきりと体験する必要があります。ヨーガ体操は、こういった違いを明確に感じさせることができ、赤ちゃんのバイオリズムを刺激するので、起きている時は活発に動く、寝ている時は深くてよい睡眠をとるというようにメリハリがつくようになります。生後16週間を過ぎたら、赤ちゃんにも分かるように、ヨーガ体操をはっきりと大きなリズムをつけて行いましょう。赤ちゃんのその時の好みに合わせて、強くてインパクトのある動きか軽くてさりげない動きかを選択します。リズムがあればそれは遊びになるので、赤ちゃんは自然と喜んで体操をするようになるはずです。

強制せず誘うように

赤ちゃんの力が強くなってきて自分で床から起き上がろうし始めると、赤ちゃんを持ち上げたり押したりと手を貸して、完全なポーズをとらせてあげたいという衝動に駆られるかもしれません。生後16週間が過ぎた赤ちゃんには、動きを強制せずに誘うようにすることが大切です。引き続き必要最低限の支えはしてあげながら、「あなたは変わったのよ。私が支えてついていてあげるから安心して楽しんでね」というメッセージを与えてあげましょう。

「私は妊娠してからヨーガを始めたのですが、すっかりはまってしまって今でも続けています。ベビー・ヨーガをやったことで、息子の子育てに自信が増しましたし、ただ体を上げたり下げたり顔の前でオモチャを振るだけではなくて、どうやって体を使って遊んだらいいのかが分かるようになったのです。」

股関節の体操　その3

今回の股関節の体操は、これまでの2つ（32、33ページと48、49ページ参照）よりも更に激しく、より速いリズムで腰を最大限に動かします。赤ちゃんが喜ぶようにタイミングを見計らって、テンポを徐々に上げていきましょう。今回は、体を結ぶポーズ、更にひねるポーズ、小さな鋤のポーズの3つが新しくなっています。これらのステップを更にダイナミックな動きにさせるためにポーズとポーズの間は空けず、ストレッチとリラックス、動きと休みのメリハリをはっきりとつけながら行います。今回の股関節の体操も、赤ちゃんと意思疎通を図りマッサージをしてから始めましょう。

赤ちゃんがヨーガの時に仰向けになるのを嫌がるようなら、あなたのヒザの上に座らせ背中をあなたの体にもたれかけさせてみましょう。仰向けの姿勢のほうがヨーガには効果的なので、何日かヒザの上で試したらまたもとの姿勢に戻しましょう。少しの間別の姿勢をとったことで、今度は仰向けでも嫌がらなくなると思います。

1　ヒザを胸に

32ページを見て、ヒザをお腹のわき部分に押し当て、そのあと力を抜く動きを何度か行います。

2　ヒザを回す

48ページを見て、両ヒザを合わせて体に近づけ、右回り左回りとそれぞれ何度か回します。

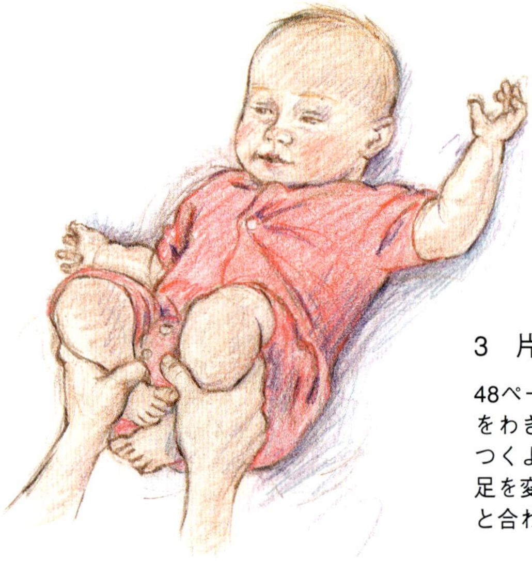

3　片足だけの蓮華座

48ページを見て、赤ちゃんの足をわきの下、肩、鼻、おでこにつくように伸ばします。左右の足を変える時には、足の裏をパンと合わせてリズムをつけます。

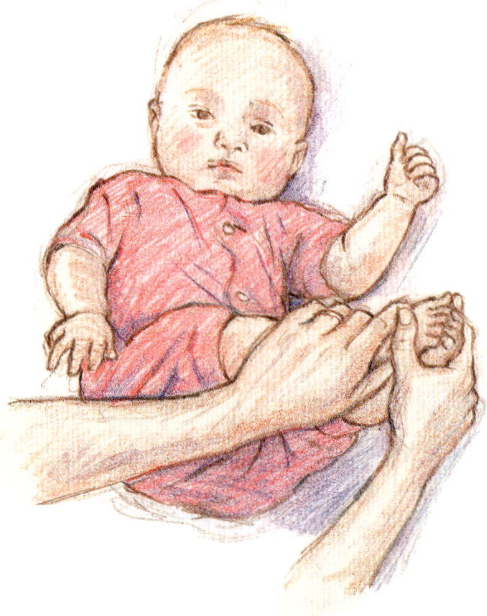

4　更にひねるポーズ

このポーズは50ページのマッサージと併せて行うと、背骨のひねりがよくなります。ここではまず両ヒザを折り上げ、そこからまっすぐ上に伸ばしてひねります。

5　結ぶポーズ

51ページの結ぶポーズを発展させて、もっとリズミカルに腕と足を両側に更に伸ばすように行います。

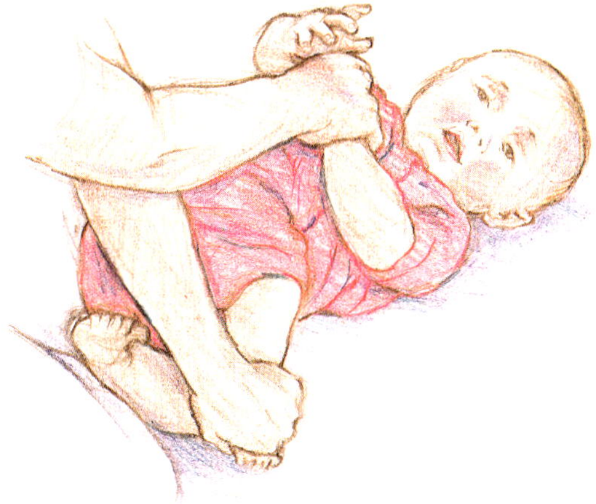

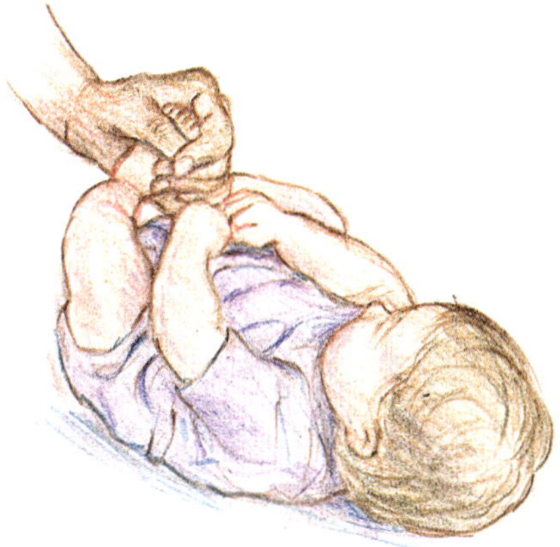

6　チョウチョのポーズ

49ページも参照してください。今回はこのポーズを完成させます。まず左右の足の裏を会陰の上で合わせ、それから開き、上に持ち上げリズミカルに回します。

7　腰を閉じる

33ページを見てください。両足をそろえてあなたのほうに引っ張るのですが、最初に腰を思い切り開いておいて、大きな円を描くような動きをとりましょう。

8　押して押されて

49ページを見て、あなたの手のひらで赤ちゃんの足の裏を押します。最初は左右同時に、次に左右交互に押して、赤ちゃんがだんだん強く押し返せるように促します。

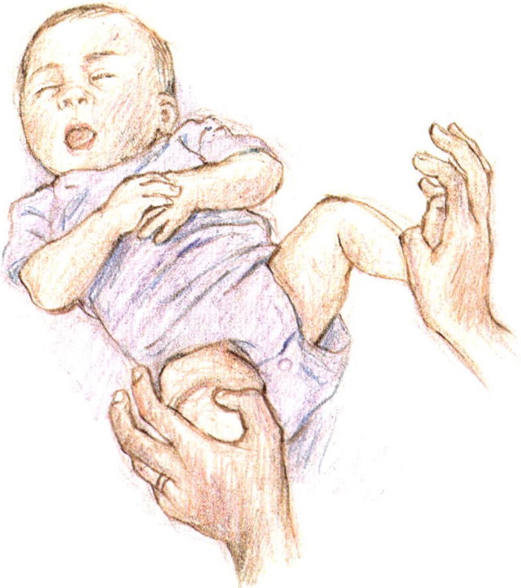

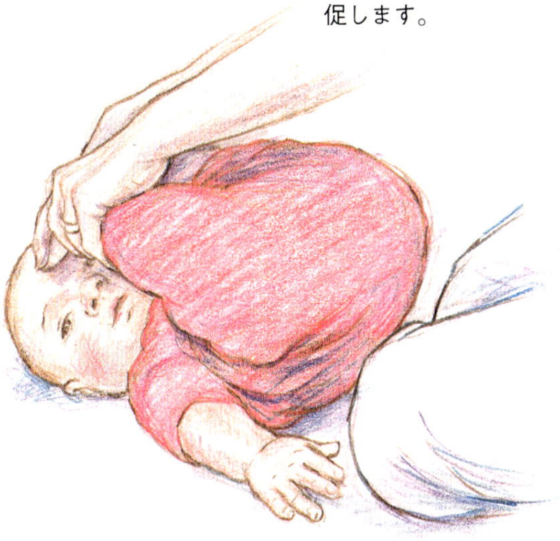

9　小さな鋤《すき》のポーズ

このポーズは、49ページの脚を持ち上げて落とすストレッチ＆リラックスの延長です。持ち上げた両脚を赤ちゃんの頭上に持っていって押し、それからゆっくり力を抜いて全身が元に戻って床に伸びるようにします。

ジェットコースター

56、57ページの背中のストレッチを更にダイナミックに激しくした動きです。あなたの両脚をジェットコースターに見立て、その上で赤ちゃんを動かします。スリル満点に動かすか優しく動かすかは、赤ちゃんの好みに合わせます。この動きは親、子ともに楽しめ、とてもよい運動にもなります。それだけでなく、赤ちゃんがハイハイしたり物によじ登るようになるための練習にもなっています。

注意：赤ちゃんの動かし方は、赤ちゃんの好みとあなたの能力に合わせましょう。高く上げ過ぎた時や強くやり過ぎた時は、いったん動きをやめて抱いてあやしてあげましょう。

1　初めは優しく

まず床に楽な姿勢で座ります。クッションの上に座ってもいいでしょう。伸ばした両脚の上に、赤ちゃんをうつ伏せにして横向きに寝かせます。赤ちゃんがリラックスしているか確認し、必要なら軽く背中のマッサージをしてあげます。

あなたの両脚をほんの少しだけ開き、赤ちゃんの背骨が伸びるようにします。片脚は床につけたまま、もう片方のヒザだけを立てて赤ちゃんの上半身を伸ばします。次に今とは逆のヒザを立てて、今度は赤ちゃんのお尻と脚のほうが高くなるようにして下半身を伸ばします。この動きをシーソーのようにリズミカルに行います。

2　体を伸ばして左右に倒す

赤ちゃんの体を伸ばすためにもう少しあなたの脚を開き、赤ちゃんの両足首を両手でつかみます。赤ちゃんの両脚をまっすぐに持ち上げて、そのまま赤ちゃんの体の左右に倒します。伸ばして倒す動きを、何回かリズミカルに繰り返します。

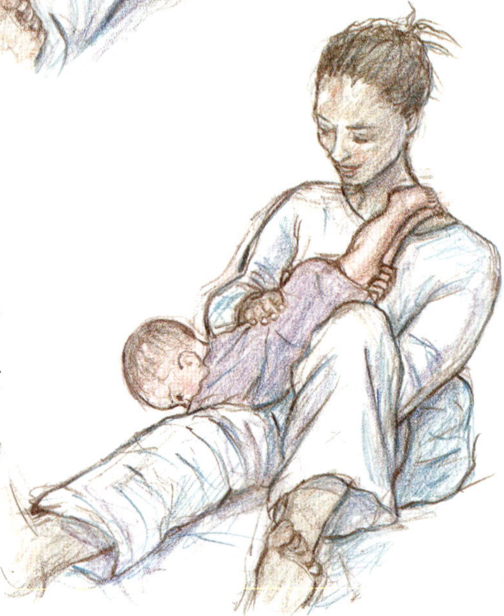

片脚は上に伸ばすだけ、もう一方の脚は上げて倒すなど、少し動きを変えてみます。この時、決して赤ちゃんの体を前に押さないように注意しましょう。軽い力で、必ず腰の部分から脚を伸ばしたり倒したりさせます。

3　のり巻きを巻く

両ヒザを同じ高さになるように少し立てて、赤ちゃんの頭が左側なら反時計回りに、右なら時計回りにして転がします。ジェットコースターのように転がっていって、赤ちゃんの体が下までいったら脚を伸ばします。そうすることによってあなたの腹筋力も回復させることができます。この動きをゲームのように、一方向に転がしたら今度は左右を逆にしたり、同じ方向を繰り返したり、スピードを早くしたり遅くしたりしてみましょう。

回転が終わった時に、赤ちゃんがあなたの両脚に横たわって体を伸ばしているのが好きな場合は、しばらくそのままにさせておきましょう。

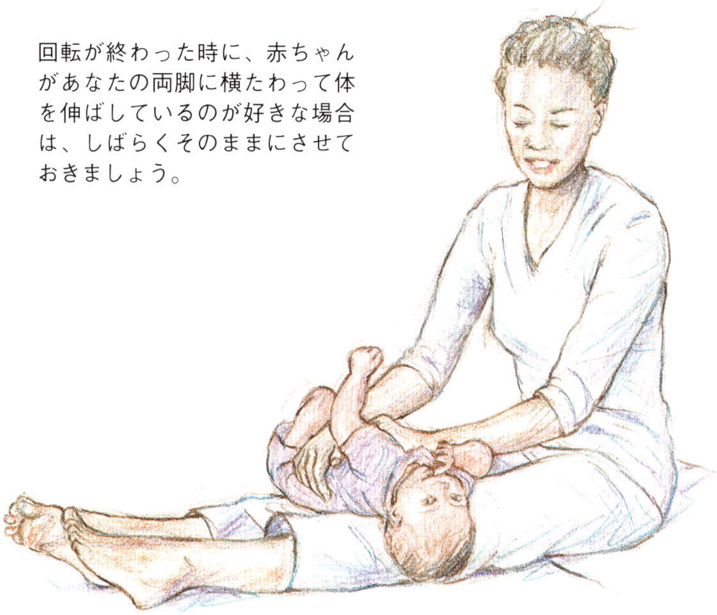

4　のり巻きを開く

少し休憩してから、回転の動きを続けますが、今度は下に転がしたら上に巻き戻します。

両脚をまっすぐ床に伸ばし、ヒザに乗せた赤ちゃんをゆっくり押して、そのまま脚の上を巻くように転がします。つま先まで行ったら、今度は巻いたものを開くように、元の位置まで転がしながら戻します。この動きの中で赤ちゃんは、体を楽にすればするほどうまく回り、しかも面白いということに気づくので、そのうち完全に体の力を抜く方法を自然と覚えてしまいます。

だんだん赤ちゃんを巻く距離を伸ばし、つま先まで転がしてヒザの上まで戻すようにしていきます。あなたに余力があれば、1往復するごとに赤ちゃんを腕に抱き上げてキスしてあげるとよいでしょう。

持ち上げて、引きずって、巻いて

赤ちゃんが54、55ページの逆さまのポーズに慣れれば、あなたの体の上で前後に引きずったり巻くように折ったりという動きをつけ加えると、更にダイナミックな動きになります。それでもまだ物足りないという赤ちゃんには、もっと激しくて大胆な動きを味わわせてあげるために、この本に載っているその他のポーズやあなた独自のポーズも付け加えましょう。
注意：すべての逆さまのポーズに言えることですが、赤ちゃんの背中をあなたの脚に下ろす時は、赤ちゃんの首を痛めないよう十分注意すること。

1　持ち上げて引きずる

この動きを2、3回繰り返すと、あなたのヒザの上に下りたら、次は足首をつかまれることを赤ちゃんが期待するようになって、ゲーム感覚が生まれます。

両脚を伸ばして座り、脚の上か間に、赤ちゃんをまっすぐに顔が向き合うように寝かせます。両手でしっかりと赤ちゃんの両足首をつかみ、自分の方に引き寄せてから宙に浮かせます。

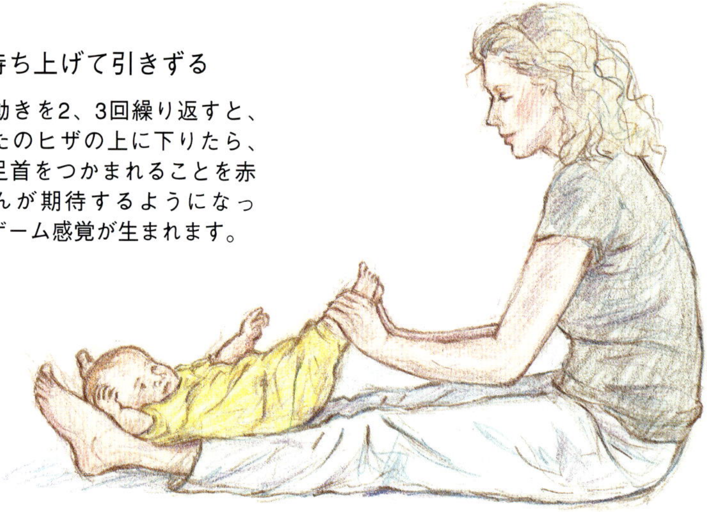

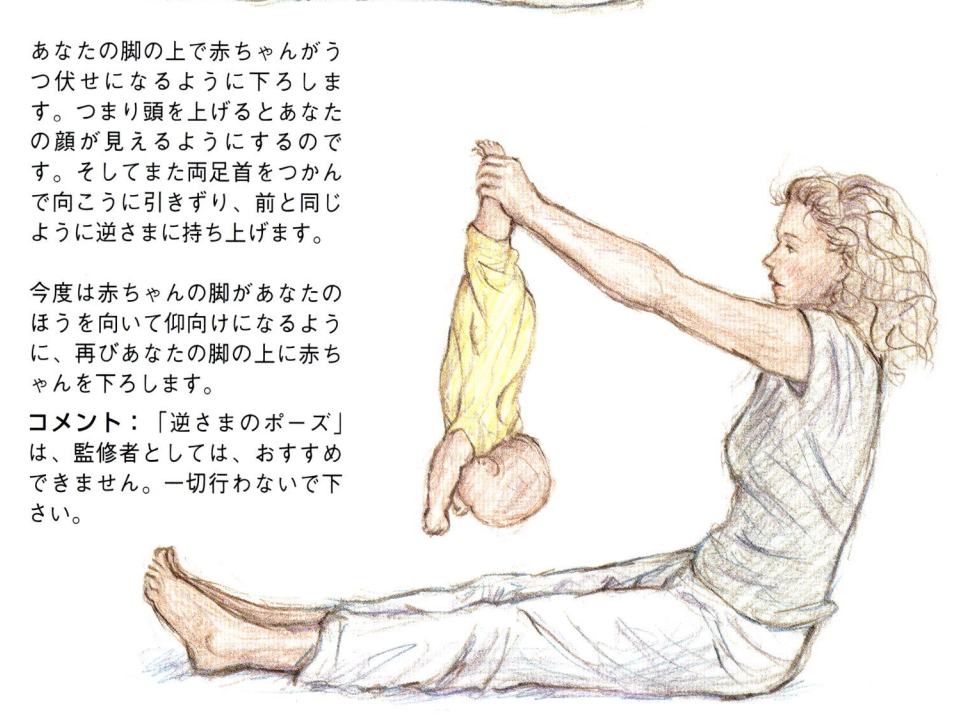

あなたの脚の上で赤ちゃんがうつ伏せになるように下ろします。つまり頭を上げるとあなたの顔が見えるようにするのです。そしてまた両足首をつかんで向こうに引きずり、前と同じように逆さまに持ち上げます。

今度は赤ちゃんの脚があなたのほうを向いて仰向けになるように、再びあなたの脚の上に赤ちゃんを下ろします。

コメント：「逆さまのポーズ」は、監修者としては、おすすめできません。一切行わないで下さい。

赤ちゃんが喜んでいるようだったら、何度か同じ動きを繰り返します。逆さまの姿勢からあなたの脚の上に下ろされたあと、あなたを探す時に体が伸びているかどうかをよく見ましょう。

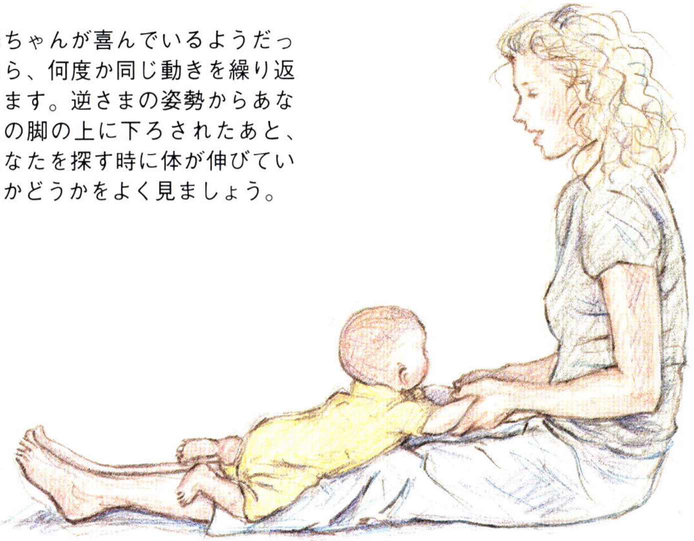

2　床から飛ぶ

53ページを参照してください。今までの姿勢から仰向けに寝て両ヒザを宙で曲げ、赤ちゃんをその脚の上に乗せて飛んでいるようなポーズをとらせます。

3　たかいたかい

あなたの腹筋と腰の筋肉も鍛えられる動きです。

赤ちゃんのわきの下をしっかりと持って、ほうきで掃くように手前に引きずり宙に高く持ち上げます。呼吸をうまく使って、持ち上げた姿勢のまま数秒おきます。肩を緊張させないように注意し、どこかが痛くなったらやめます。

4　巻くように体を折る

赤ちゃんを下に下ろして脚の上に座らせ、そこから仰向けに寝転がる反動を利用して、赤ちゃんの両脚を巻くように頭の上に持っていきます。赤ちゃんの好みに合わせて、少しだけ折ってもいいですし、小さな鋤のポーズ（77ページ参照）をとらせてもいいでしょう。

コメント：「たかいたかい」は慎重に、「体を折る」は少しだけにしましょう。

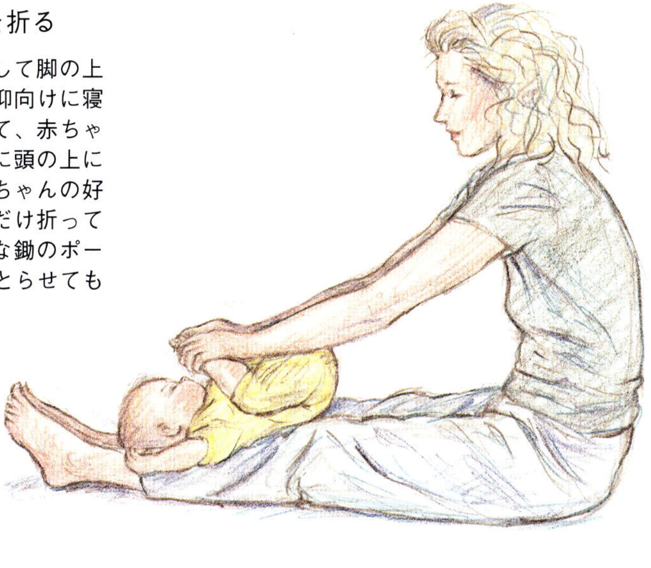

自分で起き上がる

生後2ヶ月から、赤ちゃんを抱くというよりは赤ちゃんに抱きつかせるようにする練習（46、47ページ参照）をしてきました。その過程で、赤ちゃんの筋肉の使い方が徐々にうまくなっているのを感じたと思います。赤ちゃんはあなたの着ているものや体のどこかをつかんで、自分を起こそうとするところまで来ています。この段階では、指1本とか背中に片手だけとか、わずかな支えしかない状況をつくってあげると、赤ちゃんは自分の力で座るように、そして立つようになります。この練習では、赤ちゃんが自分の力で起き上がれるようになって、その喜びや達成感を一緒に分かち合える時まで、あなたはただ赤ちゃんの動きに手を貸すだけです。

寝かせた状態から

股関節の体操をしたあとなど、赤ちゃんを前に寝かせて座ったりひざまずいて腰を落としたりしている時を利用します。人差し指を赤ちゃんの手に握らせて、自分の力で起き上がれるようなヒントを与えてみましょう。赤ちゃんが小さい頃からヨーガを一緒にやっていれば、たぶんまっすぐに起き上がるはずです。

注意：赤ちゃんの腕を持って引っ張らないで、赤ちゃんに自分の力で起き上がらせるようにします。あなたは赤ちゃんに動きのヒントを与えるだけで、実際に体を動かしてコントロールするのは赤ちゃんに任せます。

あなたがお尻をついて座った状態でも、赤ちゃんが起き上がるのを手助けしてあげることができます。両脚を伸ばして開いて座り、その間の床に赤ちゃんを寝かせます。腕を前に出してヒジを曲げ、2本の指を差し出して赤ちゃんにつかまらせます。赤ちゃんのほうに準備ができていれば、この状態で自分の力で起き上がろうとします。もし赤ちゃんに反応がないようだったら、2、3日後にもう一度やってみましょう。赤ちゃんは起き上がってお座りした姿勢に慣れてくると、すぐに回りで起きていることに興味を示すはずです。わずかに支えながら、そのままお座りをさせてあげます。気が散ったり疲れたりすれば、自分で後ろに倒れ

て背筋をリラックスさせようとします。もしそうなったら、倒れないように赤ちゃんを引っ張ることはせず、支えていた指はそのまま持たせたまま、倒れるにまかせてリラックスさせてあげましょう。赤ちゃんが背筋をリラックスさせたいと思った時は、必ず赤ちゃんの動きに合わせて優しく体が倒れるようにしてあげます。

赤ちゃんがお座りでなくいきなり立とうとした場合は、無理にお座りからやらせようとしないことです。自分で立ち上がるのに必要な力をつける前に、ストレッチする時間を与えて、両脚を何回か伸ばして柔らかくしておくことは必要です。それが済んだら、あとは赤ちゃんのうれしそうな笑顔を堪能しましょう。最初は数秒で疲れて腰を落とし、お座りの姿勢になって最後は寝そべってしまうと思いますが、黙ってそうさせてあげましょう。

注意：いったんお座りやたっちを覚えたら、飽きるか疲れるまで何度も何度もやりたがると思います。刺激が強くなりすぎないように、やめさせるタイミングが重要です。赤ちゃんを腕に抱いて、例えば揺らすポーズなど、今までと全く違う動きをさせてあげましょう。

ヒザ立ちから

赤ちゃんが逆さまのポーズからあなたの脚に着地する時に、ヒザから着いているようだったら、その姿勢からもあなたの指を支えにして起き上がる練習ができます。赤ちゃんの準備ができていれば、この方法でも喜んで脚を伸ばすでしょう。

バランス運動から

座って、片方の脚の上に、顔が左右のどちらかを向くように横向きに赤ちゃんを座らせます。60、61ページにあるように、赤ちゃんの体を前へ後ろへと傾けながらバランスをとらせます。赤ちゃんの体が安定して、前かがみになった時に足を床に着けることができるようなら、人差し指を握らせて徐々に揺れを大きくしていきます。バランス運動を続けていくうちに、前かがみになると自ら立って足を伸ばし、それから座る姿勢に戻り後傾姿勢をとるというふうになるかもしれません。

このやり方だと、赤ちゃんに指を握らせるために体をひねる必要がありますが、この姿勢がどうもとりにくいという場合はやり方を変えても大丈夫です。指を握らせて立たせる練習は、写真のようにヒザの上に顔が前を向くように座らせるなど、どんな座り方からでも始められます。更に進んでつま先で立って自分でユラユラと体を揺らす赤ちゃんもいますが、その場合は腰がよりいっそう鍛えられることになります。

飛んでいる感覚：更に高く持ち上げる動きと落とす動き

赤ちゃんの首がしっかりと据わって全身のコントロールもできるようになったら、座った姿勢や立ちヒザの姿勢から赤ちゃんを上に持ち上げたり落としたりする動きに、安全な範囲内で更に高低さをつけてみましょう。この時期になれば赤ちゃんも、空中に上げられることを喜び始めます。以前、父親が同じことを試みて泣かせてしまった経験があるなら、ヨーガ流のやり方でもう一度試してみましょう。赤ちゃんがかなり高くまで上げても喜ぶので、きっとびっくりすると思います。赤ちゃんの体重が増えてくるに従って、お尻を支える腕の筋力も更に必要になります。高く持ち上げる時は、今は座った姿勢よりもヒザ立ちの姿勢のほうがやり易いと思いますが、そのうち立った姿勢でなくてはできなくなってくるはずです(92、93ページ参照)。

注意：赤ちゃんのお尻を手で支えてバランスをとるのは、最初はまるでスプーン競争のような感覚なので、自信がつくまではベッドやクッションの上で何回も繰り返し練習すること。安定した持ち方ができるのは、赤ちゃんが背筋を全部使っているなと感じられる時です。

コメント：「飛んでいる感覚」は、夫または友人の協力を得て慎重にやって下さい。

顔を前に向けて

赤ちゃんのお尻を支える手だけでまっすぐに持てるように、赤ちゃんの背中を急速に鍛えることができるやり方です。もう一方の手は、必要な時すぐに支えられるように準備しておきます。

利き手で赤ちゃんのお尻を持ち、もう一方の手は赤ちゃんの胸の下に入れて支えます。この状態で、赤ちゃんをまっすぐ起こして持ち、腕のはずみをつけて、赤ちゃんの体を空中に上げ、落ちてきたら同じ位置で受け止めます。最初はほんの少しだけ上げて、赤ちゃんの体とあなたの手があまり離れないようにします。慣れてきて力もついてきたら、徐々に高くまで上げて受け止めてみましょう。

顔を向き合って

赤ちゃんと向き合う形でわきの下をしっかり持ち、できればあなたの頭の上まで赤ちゃんを上げます。上げる前に息を吸い、上げている時に息を吐きます。

赤ちゃんの顔を下にしてあなたの頭上で止めてみてもいいと思います。支えているあなたの手の上でお腹が圧力されて、赤ちゃんはキャッキャと笑うかも知れませんし、あなたの髪の毛をつかむかもしれません。

注意：赤ちゃんを上げる時に自分の呼吸を合わせると、座った姿勢でも腰が緊張しにくくなります。

顔を上に向けて

赤ちゃんの顔が上を向くようにしてわきの下をしっかりと持ち、できればあなたの頭上に上げます。上げる前に息を吸い、上げている時に息を吐きます。両脚の間まで下ろす前に、片方の肩の上か、頭の上に赤ちゃんを座らせます。

上手なバランス感覚

赤ちゃんが自分の力で座ったり立ったりできるようになる前にバランス運動を行うと、ポーズによる体重のかけ方の違いを学ぶことができ、自分の重心を固定するための良い練習になります。あなたの腕で支えながらバランス運動を行えば、赤ちゃんは、バランスを失ってしまう心配をしなくていいことが分かり、リラックスな状態を保つことができます。赤ちゃんは、失敗してもまた別のやり方でやり直せることをちゃんと知っているのです。生後4ヶ月を過ぎた赤ちゃんには、以前のバランス運動よりも大きな動きを取り入れ、赤ちゃんに危険のないスリルを味わわせてあげましょう。必ず自分をつかまえてくれる人がいると分かれば、赤ちゃんは安心して倒れ込むことができます。まだ赤ちゃんの反応が受身でリラックスした動きを学んでいる間は、あなたがやり方を示し動きをコントロールしてあげましょう。

お座りからたっちへ

自分の両脚に全体重を乗せていく過程を楽しむことによって、自分で体をコントロールする能力や、もう少しあとになれば危険を察知する能力を高めていく練習です。

お座りのバランス感覚

お尻をついて脚を前に出すか正座で楽に座ります。片方の腕を赤ちゃんの胸に回して「手すり」の補助(60ページ参照)をし、もう一方の手を使って、赤ちゃんを一方のヒザの上に横向きに座らせます。赤ちゃんが動いた方向に倒れていかないように注意して、両腕であらゆる方向に赤ちゃんを押してあげます。前かがみにする時は、まずあなたの両脚に赤ちゃんを完全に倒してから起こして前に押します。

前かがみになった時に赤ちゃんがそのまま立つようになったら、82、83ページの説明に従って、自分の力で立たせてみましょう。自分の力で立つにはまだ力が不足している場合などは、前傾姿勢にするとひざまずく赤ちゃんもいます。この体操はゲーム感覚で行え、赤ちゃんは前かがみの姿勢だけでなく、後ろに倒れる動きも喜んで行います。

バランス感覚と腰を落とす感覚

赤ちゃんは徐々に、自分の体のバランスが取れるくらいに背中が強化されて、あなたのヒザに腰を落とす前に、自分の足の力で体を前傾させて手すりの補助にもたれかかるようになってきます。赤ちゃんが腕の支えにもたれかかった時は、「良くできたね」と言葉で赤ちゃんを励ましてあげましょう。このバランスを取ってそれから腰を落とすという練習では、赤ちゃんの後ろは支えないようにします。赤ちゃんがヒザに腰を落とす時は、手すりの補助をしていた腕や手で引き続き前に倒れてしまわないように支えます。

- バランスの取り方がうまくなり背中も強くなってきたら、腰を大きく落としてみてもいいでしょう。その際には赤ちゃんの両手だけをつかんで、赤ちゃんが自分でバランスを取る練習をさせます。
- 両ヒザを立てて、その上に赤ちゃんを座らせ両手をつかみます。息を吸い、吐きながら脚をストンと床に伸ばします。時期や赤ちゃんの気分に合わせて、優しく落としたり急激に落としたりして赤ちゃんを驚かせましょう。（「This is the way the gentleman rides（これが男の乗り方だ）」などの踊りの童謡を歌いながらやってもいいでしょう。）

たっちのバランス感覚

もう少しで赤ちゃんが自分の力で立つところまできたら、お座りからたっちへのバランス感覚の練習をさせてあげましょう。

- ヒザの上に赤ちゃんを座らせ足が床につくようにします。赤ちゃんの胸に手を回し前に少し倒して、赤ちゃんが前のめりになって立つ時のバランス感覚を身に付けさせます。
- 赤ちゃんの胸を手すりの腕で押し、赤ちゃんを後ろに戻してヒザに座らせます。

赤ちゃんが立つことに慣れてきたら、今度は立ったまま体を揺らしてバランスを取らせます。赤ちゃんが手すりの補助に体重をかけてきたら、そのまま立った姿勢でお尻を支えて揺らしながら優しく後ろに押してあげます。

ヨーガ式赤ちゃんの拾い上げ方

赤ちゃんの体重が増えてくるにしたがって、赤ちゃんを床から拾い上げる時はあなたの腰を守るようにすることが大事になってきます。あなたがどうやって拾い上げるかは、赤ちゃんにとっても重要なポイントです。つまり赤ちゃんに締め付けられたという感じを持たせないようにしなくてはならないのです。あなたが心地よくてスムーズに赤ちゃんを拾い上げれば、赤ちゃんに(そしてあなたにも)その日一日のすべてにヨーガの動きが使われていると思わせることができます。あなたの腹筋力を回復させると同時に赤ちゃんを更に喜ばせるためには、拾い上げた腕を伸ばして頭の上まで高く赤ちゃんを持ち上げるところまで続けて行ってみましょう。

スクワットして高く上げる

スクワットを何回か繰り返してそのまま赤ちゃんを高く上げられる必要などありません。まず赤ちゃんなしで練習しておきます。そうすることによって、いざ赤ちゃんを持ち上げる時には心地よくストレッチができるように、背中も赤ちゃんの体重に耐えられるようになっているはずです。

- 始める前に、ヒザを曲げながら両腕を頭の上に伸ばして背骨を伸ばします。その際、イスに腰を下ろす時のことを想像して、背中はまっすぐに保ちましょう。

- 脚をまっすぐに伸ばしながら、両腕を下ろして後ろに振ります。両脚を開いて立ち、次にヒザを曲げたら赤ちゃんのわきの下をしっかり持って赤ちゃんを自分の体と平行に拾い上げます。息を吐き切った状態で拾い上げ、そこから息を吸って赤ちゃんを高く持ち上げます。

腕に回して安全姿勢に

ここでは、生後まもなくの頃から練習してきた安全姿勢を使った拾い上げ方を紹介します。これまでよりもダイナミックな動きで赤ちゃんを喜ばせる方法で、なおかつ赤ちゃんの体重が増えても簡単に行えるものです。寝ている赤ちゃんを、できる限り起こさずに拾い上げることができる方法とも言えます。

- ヒザを曲げ両脚を腰の幅より広く開いてバランスを取るか、ひざまずいて腰を落とした姿勢から始めましょう。赤ちゃんのわきの下に支えにする腕を滑らせ、仰向けに寝ている場合は、もう一方の手で赤ちゃんの体を回し支えの腕に乗せるようにします。これで赤ちゃんはあなたの腕の上にうつ伏せになりました。

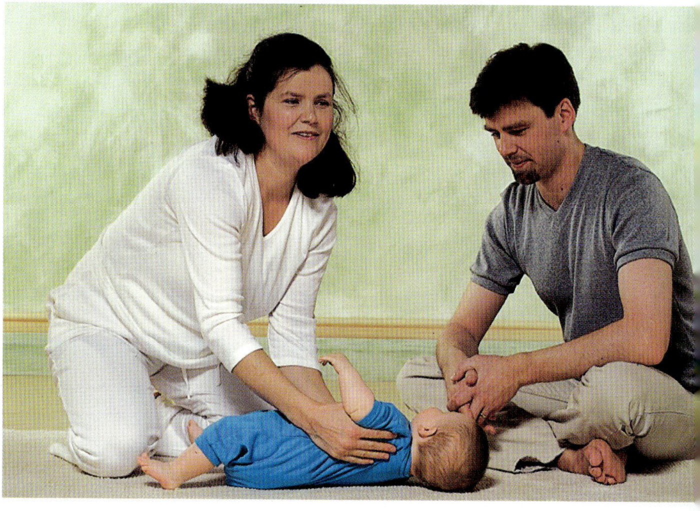

- 赤ちゃんのお尻を持ち、脚を伸ばして(または下の写真のようにひざまずいて)赤ちゃんを慎重に持ち上げます。この時腰の力をできる限り抜き、赤ちゃんを支える手の力も最小限にします。

揺らして持ち上げる

ヒザが曲げられない時に赤ちゃんを床から持ち上げる場合は、立って前屈姿勢を取るといいと思います。背中の力を抜き、赤ちゃんが仰向けの場合とうつ伏せの場合の両方を練習しましょう。

- 赤ちゃんの横に大きく片脚を出します。後ろの脚を少し曲げて、これから行う動きを感じながら両腕を2、3回振ります。
- 腕の振りが後ろに行ったら体を伸ばし、腕を前に振り後ろ脚を伸ばしながら赤ちゃんのわきの下に両手を入れ、今度は前脚を曲げて赤ちゃんを床から持ち上げます。息を吐き切ったところで体を後ろに起こしながら赤ちゃんを持ち上げるようにし、持ち上げた時には息を思い切り吸います。

赤ちゃんと一緒に起き上がる

これは見た目より簡単で、特に赤ちゃんの体重が増えるとちょうどよいおもりになってやり易いです。毎日続ければ、あなたの筋力や柔軟性の向上にも役立つでしょう。

- 腰を降ろしてヒザを曲げ両足の裏は床につけた姿勢で、前に寝かせた赤ちゃんのわきの下に手を入れ持ち上げます。最初は仰向けの姿勢で行い、それからいろいろな寝かせ方から持ち上げてみましょう。息を吸いながら重心を前に持ってきて赤ちゃんをあなたの体から離して持ち上げ、赤ちゃんと一緒に起き上がります。

ひざまずいて持ち上げる

これは「勇士のポーズ」を2段階で行うとても安定した拾い上げ方です。しっかりと腹式呼吸を行いながらこの動きができるようになれば、より簡単に軽く持ち上げられるようになります。

- 赤ちゃんの前にひざまずき、片足を赤ちゃんの体の横にもう一方のヒザと垂直になるように出します。赤ちゃんのわきの下に両手を入れて持ち上げたヒザの上に座らせます。赤ちゃんが仰向けで寝ていた場合は顔が自分のほうを向くように、うつ伏せで寝ていた場合は顔が前を向くようにします。
- 息を吸って重心を前に移動させます。前の脚のほうへ押し出すようにお尻をできる限り低くし、それから息を吐きながら赤ちゃんと一緒に起き上がります。起き上がる際、最初は後ろの足の指先を下に向けて床を押すようにしたほうがやりやすいと思います。

力を抜いた持ち方（重くなった赤ちゃんの場合）

余分な力を抜いてリラックスした状態で赤ちゃんを持つ（36、37ページも参照）のは、あなたの背中を保護するためだけではなく、そのほうが持ちやすいからです。あなたの持ち方がゆったりと安定していれば、それは赤ちゃんにも伝わります。赤ちゃんの体重の増加に伴って、段階的に赤ちゃんの持ち方も変えていきましょう。だっこひもやベビー・キャリアーも、あなたの体の正しい位置に赤ちゃんがくるように（下の囲った部分を参考に）、ヒモの長さなどを調整します。

安全姿勢で

赤ちゃんを支えている腕が疲れてきたり、片手を自由にしたいと思った時に安全なのは、赤ちゃんのお尻をあなたの腰骨の上に乗せる方法です。よく赤ちゃんを腰にまたがるように乗せる持ち方をする人がいますが、これだと骨盤がゆがみ、その後長期間に渡って姿勢や歩き方に悪影響を与えてしまいます。腰骨を利用して支えるほうがはるかに楽ですし、腰骨が安全姿勢で抱く時の手の代わりになって、赤ちゃんのお尻も支えられるのです。

- 顔を下向きにし赤ちゃんの胸に腕を回して持って、その腕と同じ側の腰骨に赤ちゃんのお尻を乗せます。この方法ならあなたの移動もしやすく、空いたほうの手で物を取ることもできますし、赤ちゃんの視界も広がります。肩の力をできるだけ抜いて赤ちゃんの体重のほとんどを腰骨で支えるようにすれば、腕は「手すり」として補助的役割をするだけでよくなります。

あなたの姿勢をチェックする

余分な力を抜いて赤ちゃんを持ちながら自分の体の自由を最大限に確保するには、重心を見つけることが大切です。そのためには、赤ちゃんと向き合わせでも逆向きでも自分の楽なほうで構いませんから、自分の体の前に赤ちゃんを持ちます。赤ちゃんのわきの下を両手でつかみ、自分の胸の位置から下腹部へとリラックスしながらゆっくりと下ろします。赤ちゃんを下ろしながら息を吐き、何度かこの動きを繰り返して、どの位置が最も楽かを探します。1、2ヶ所、楽な場所を見つけたら、その位置で赤ちゃんを持った状態で以下のチェック項目を確認してみてください。

- 背中をまっすぐにしたまま、自由に両ヒザを曲げられますか？
- 胸を張って自由に呼吸ができますか？
- このリラックス体勢で赤ちゃんを楽に持ったまま、腕も脚も動かすことができますか？（全部同時にではなく、1ヶ所ずつで結構です。）

これらのチェック項目に当てはまったら、片脚をまっすぐに上げられるかどうか試してください。腕と肩の力を順番に抜いていって、知らず知らずのうちに力ががかかってしまっている所がないかも確認します。手をフッと離したり振ったりすると赤ちゃんが面白がるかもしれません。

「消防士の持ち方」

これは40ページで紹介した、もっと幼い赤ちゃんをまっすぐに肩に乗せるように力を抜いて持つ方法を発展させたものです。以前にこの持ち方をしなかった場合は、赤ちゃんがこの体勢でリラックスできるようになるまでには何回か練習が必要かもしれませんが、最終的には、歩く時などは特にリラックスできる体勢だという認識を赤ちゃんに持ってもらえるようになります。赤ちゃんが6歳になるぐらいまでずっと使える持ち方です。

- 赤ちゃんの胸をあなたの肩に乗せ、腕が背中のほうに垂れるようにします。そうすれば赤ちゃんが頭を休めたい時にも肩で受け止められ、しっかりとバランスをとりながら持っていられます。
- 赤ちゃんを乗せた肩と同じ側の腕でお尻を支えてあげてもいいのですが、肩に赤ちゃんの全体重を乗せてしまえば、ほとんどお尻の支えは必要ないということに気づくはずです。

「バタバタかかえ持ち」

歩く時に便利な持ち方で、赤ちゃんがリラックスして眠ってしまうこともあるくらいです。またこの持ち方なら、何か心配事がある時やあなたの気が立っている時などに、体を密着させている赤ちゃんに否定的な感情が移るのを防いでくれます。更にこの持ち方で歩きながら深呼吸をすると、そういった感情が簡単に消えていくのが分かるはずです。

- 赤ちゃんを腰骨に乗せていてもいなくても、安全姿勢のまま赤ちゃんを片側の腰の横に移動させると、うつ伏せの赤ちゃんを腕で抱えている状態になります。この体勢を取ると、生後6ヶ月未満の赤ちゃんは特に体をバタバタさせます。
- バタバタしている赤ちゃんを腕で抱えながら、スキップをしたりゆっくりジョギングをしたり（94、95ページのウォーキング・ストレッチの説明も参照）して、赤ちゃんの反応を観察します。

注意：赤ちゃんの首が完全に据わっていない場合、「バタバタかかえ持ち」を行うのはリラックスしながら歩く時だけにすること。

コメント：ベビーを片手でかかえて歩く時は、十分に注意して下さい。

高低差をつけて上げて落とす動き

座った姿勢やひざまずいた姿勢で、上げたり落としたりする動きに赤ちゃんが慣れてきたら、今度は立った姿勢で更に高く上げたり低く落としたりしてみましょう。動きの最初と最後は力を抜いた持ち方をし、小さな動きから大きな動きへと発展させていけば、あなたの赤ちゃんを扱う力加減やバランスの取り方も徐々に上達するでしょう。このページのやり方なら、両手を使って上げたり受け止めたりしてもいいですし、お尻の手を主な支えにして胸にやった手は補助的な支えにしてもどちらでもいいと思います。もし高く上げる動きが、あなたもしくは赤ちゃんに合わないと感じたら、何か他の、お互いが楽しく行えるようなヨーガ体操に変えましょう。

チェックポイント

- あなたが立っている場所にオモチャなどが散らかっていないか確認します。
- 立ってやる自信がない時は、まずダブルベッドやクッションに座って練習しましょう。
- 常に赤ちゃんをしっかりと持ち、できるだけはっきりと動かします。
- 体のどこかが硬直しているのを感じたら、すぐにやめて赤ちゃんと一緒にリラックスしましょう。

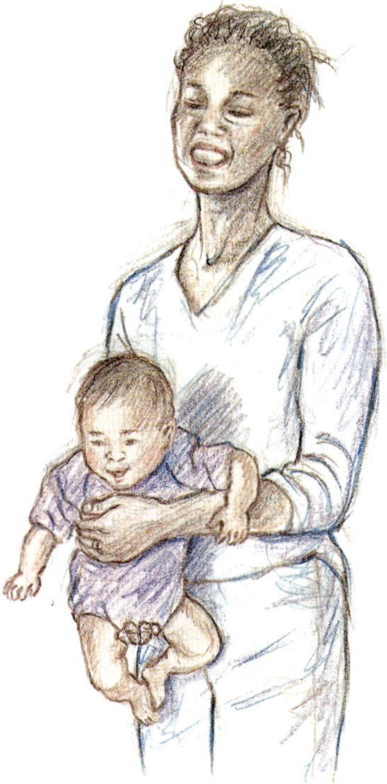

お尻を持って上げて低く落とす

赤ちゃんを安全姿勢で持ちます。赤ちゃんの後ろから股の間に入れた手の上で、背中をまっすぐに立たせた体を支えます。赤ちゃんの胸の下を支えている手の力を緩めます。

お尻の下の手を使って、目の前に赤ちゃんをまっすぐ持ち上げ、その手の力を抜いてストンと赤ちゃんを落とすように下げます。

高く上げて低く落とす

85ページの高く上げる動きを立った姿勢で行います。赤ちゃんの調子が良ければそのまま上に投げてもいいと思います。

注意：赤ちゃんを高く上げる時は、両ヒザを少し曲げて体が後ろに反らないように気をつけること。

上に放り投げる

ほとんどの赤ちゃんが放り投げられるのを大喜びしますが、赤ちゃんを刺激しすぎないように1度に2、3回にとどめましょう。

お尻を持って高く上げる方法(92ページ参照)から発展させるのであれば、上に上げた時に胸の補助の手を離し、お尻を支えていた手から上に赤ちゃんを放り投げ、落ちてきたら両手で受け止めます。

注意：落ちてきた時の赤ちゃんの体重は驚くほど重いので、しっかりと立って受け止めること。

コメント：赤ちゃんを上に放り投げるというのは、如何なものでしょうか。誰にでもすすめられる行いではありません。

赤ちゃんで
ウェイトリフティング

図のような持ち方をしながら深呼吸すると、ただの赤ちゃんを利用したウェイトリフティングではなく、ちゃんとした1つのヨーガポーズとなります。呼吸する時に腹筋を使うため、あなたの全身の機能が刺激されます。

コメント：このポーズもヨーガの練習をしっかり積んでからにして下さい。

体を安定させるために、片足を1歩前に出します。赤ちゃんの両わきをしっかり持ってまずあなたの頭上に乗せ、それから上に持ち上げます。顔は上向きでも下向きでも構いません。息を吸いながら腕を伸ばし、息を吐きながら赤ちゃんをそのまま支えます。あなたが腕を伸ばしている時は赤ちゃんの体も伸びています。

できるだけ深く呼吸を続け、それから赤ちゃんを下ろします。

歩きながらのストレッチ

赤ちゃんと一緒にヨーガ体操を続けていけばいくほど、赤ちゃんはよりリラックスできるようになりますし、一方で抱いて移動する時は、あなたの体にしっかりと抱きつけるようにもなってきます。歩きながらのストレッチは、赤ちゃんに肉体的な刺激を与えながら、あなたの腰、脚、腕を鍛える運動です。歩く時、意識的に呼吸をすると楽しさも増しますし、それによってあなたも赤ちゃんも、家の庭や周囲をただ歩くだけで全身を十分にストレッチすることができるのです。ウォーキングと一緒に、立ってやるポーズや赤ちゃんを高く持ち上げるポーズを取ったりすると、赤ちゃんも喜びます。

小刻みに歩く

赤ちゃんを連れてどこかへ急いでも疲れないようにするには、アマゾンに住む民族の母親たちに習って小刻みに歩いてみましょう。普段よりも少し深くヒザを曲げて背中はまっすぐに保ち、短い歩幅で速く足を動かします。上半身は極力動かさないようにして、すり足の要領で歩くのです。

力を抜いてウォーキング

90、91ページの、余分な力を抜いた持ち方のどれかで赤ちゃんを持ちます。自信がついてくれば、図のようにもっとゆったりと赤ちゃんを持つことができるでしょう。

あなたの前腕を赤ちゃんのお腹に回し手でわきの下をつかんで、ウエストの位置で赤ちゃんを持ちます。肩とアゴの力を抜いて、規則正しく呼吸をします。

腰は床と水平にし肩をリラックスさせて、歩きやすい歩幅を見つけます。呼吸を意識し、ヒザの曲げ伸ばしを利用して弾むように歩くと、赤ちゃんを喜ばせ、同時にあなたの腹筋力を回復させることができます。

赤ちゃんの体重が増えてきたら、ヒザの曲げ方をもう少し極端に行いましょう。

スキップとランニング

歩きながら赤ちゃんにもっと動きを体験させてあげるには、赤ちゃんを持ったまま少しの間スキップをしてみましょう。赤ちゃんは、リラックスした状態で抱かれて回りの出来事を見ている時の静けさと、激しい動きとのギャップが好きなのです。

あなたにも赤ちゃんにも心地よいリズムでスキップすることによって、あなたの両脚にもストレッチ効果があります。走るのが好きならば、抱っこヒモで赤ちゃんを抱いて、ランニングをしてもよいでしょう。

注意：赤ちゃんの首がしっかり据わって頭をまっすぐにできるようになるまでは、スキップしたり走ったりする時リュックサック型のキャリアーは使わないこと。なぜならキャリアーの中で赤ちゃんが上下に激しく揺れすぎてしまうからです。走る時は、抱っこでもおんぶでも構いませんが、体にフィットする柔らかいキャリアーを使うのが理想的です。

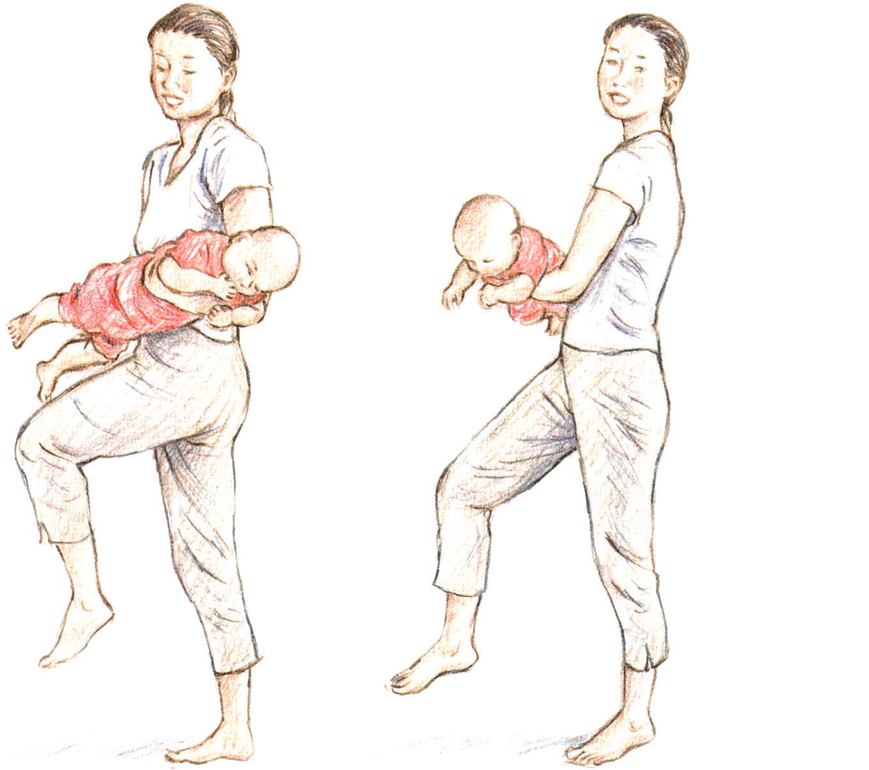

ダンス

ダンスは昔から、赤ちゃんと一緒に楽しむためだけでなく、赤ちゃんに刺激を与えたりなだめたりする手段として用いられてきました。いろいろな曲を使って試してみて、赤ちゃんのお気に入りのものを見つけましょう。赤ちゃんがもう少し大きくなると、鏡の前で自分の姿を見ながらあなたと一緒に踊るのが大好きになります。

おもしろ歩き

すべての赤ちゃんはユーモアのセンスを持っており、赤ちゃんを腕に抱いて「おもしろ歩き」(わざとおもしろおかしく体を動かして歩くこと)をすると、確実にそれが引き出され、更に自分の体の動きや反応を自覚することができるようになります。赤ちゃんは歩けるようになって自分から面白いポーズを取り始めるずっと前から、おもしろ歩きをダンスと同様、普通の動きとは違うものとして認識しています。ヨーガは真面目なポーズばかりではありません。基本的ポーズにも、動物の動きを忠実にまねたものがたくさんあり、中にはとても表情豊かに行うものもあります。イメージをつかむために、動物が登場するテレビアニメを見てみましょう。おもしろ歩きのコツは、力を抜いて歩くことです。リズムを変えたり後ろ向きに歩いたり、速い動きとゆっくりした動きを素早く交互に繰り返したりすれば、赤ちゃんが面白がって大喜びすること間違いなしです。

エネルギーを与えるウォーキング

赤ちゃんとのウォーキングに、あなたのエネルギーを引き出したり高めたりするヨーガポーズを取り入れることもできます。リズムに合わせて動くことで、赤ちゃんに歩く動きを体験させることもできますし、赤ちゃんを抱いて動かずにやったらどうしても力が入ってしまうようなポーズでも楽にできるようになるのです。歩きながらのポーズは、赤ちゃんにも効果的です。だいたいのポーズの形や動きの大きさを把握できるだけでなく、そのポーズを取ることで湧き上がるエネルギーを体験することができるのです。ヨーガのポーズはそれぞれエネルギーの流れが異なりますが、歩きながらのポーズは赤ちゃんの体に刻まれた、生の実感を驚くほど強くしてくれるのです。

1　もも上げ歩き

これはお腹の深くまで深呼吸をしながら行うと、腹筋だけでなく腰の調子も整えられます。

赤ちゃんを抱いて、ももを高く上げて歩きます。ときどき足をイスか段の上に乗せて休みます。息を吸い、息を吐きながら赤ちゃんを上に持ち上げます。

赤ちゃんの持ち方は変えずに、歩いては足を休ませ(左右交互に)、2、3回同じ動作を繰り返します。

2　ひねり歩き

背骨のひねりを加えたハードな歩き方です。

前と同じようにももを上げ、赤ちゃんを抱いたまま上半身を上げた脚のほうにひねります。床に着いているほうの脚は伸ばして歩きます。ももを上げる時に息を吸い、脚を踏み変える時に息を吐きます。

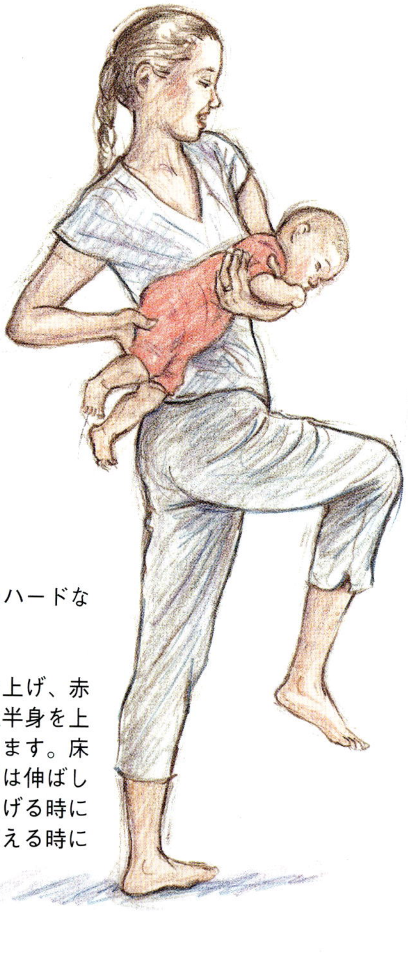

勇士の歩き方

一度この歩き方に慣れてしまえば、むずかる赤ちゃんを瞬時に落ち着かせる効果があることに気づくはずです。

両脚を交互に上げながら歩いて、脚を上げた時にももに赤ちゃんを座らせます。赤ちゃんを、左右のももからももへ反動をつけて移動させます。

腰から脚を前に出しストレッチしながら、赤ちゃんを前方で宙に投げ上げます。

コメント：母子共に随分活発に動きますので、十分慎重にして下さい。

前方に歩きながら、赤ちゃんをあなたの頭より高く持ち上げ、腹筋と骨盤を支えている筋肉を上に伸ばすようにします。

歩きながらリラックス

赤ちゃんとのウォーキング体操の締めくくりとして理想的なのは、短時間の歩きながらのリラクゼーション（66ページ参照）です。体操が終わったという終了の合図を感じることが、ヨーガでは非常に大切なのです。激しくエネルギッシュに体操を行った時ほど、活動と休息のバランスを取るためにリラックスが必要になってきます。

ブランコ体操

成長してくると、今まで揺りかごの微妙な揺れが心地よいと感じていた赤ちゃんも、大人が体をブランコのように振ってくれるのを喜ぶようになってきます。赤ちゃんが疲れた時、怒った時、もしくはただ抱いて欲しいと思っている時などに気分を落ち着かせるためには、やはりそっと赤ちゃんを揺すってあげるのが一番なのですが、たとえまだ赤ちゃん用のブランコに自分から乗りに行くようになっていなくても、赤ちゃんはブランコのような揺れを急速に求めるようになってきます。次に紹介するヨーガと組み合わせたブランコ体操は、あなたの背中と赤ちゃんの背中を最大限に利用して赤ちゃんを揺らす方法です。これらのブランコ体操と持ち上げたり放り投げたりする動きを組み合わせれば、この時期に赤ちゃんと一緒に行う最後の体操が完成します。赤ちゃんがもうほぼ自分の力でお座りできるようになっているのなら、このブランコ体操で最終的な筋力とバランス感覚を得ることができるでしょう。この体操によって、赤ちゃんに安全なスリル感を味わわせ、もっとあとに公園などで求める刺激を先取りして教えてあげているのです。

危険：赤ちゃんのわきの下に手を入れ、腕ではなく必ず両方の肋骨のわきをしっかりと持つこと。こうすることによって、赤ちゃんの肩のじん帯が保護され、背骨が完全にまっすぐになるだけでなく、親子の体の接触部分も安定します。

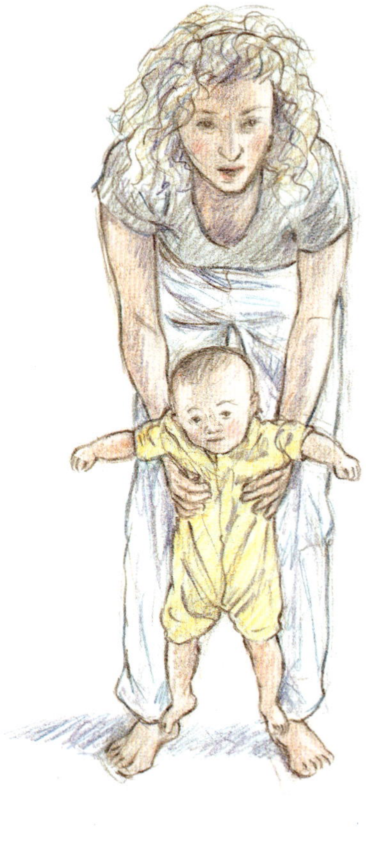

基本のブランコ

両脚を大きく開いて立ち、赤ちゃんの顔を前に向けてわきの下をしっかりとつかみます。前かがみになり、赤ちゃんを前後に、最初は優しく、徐々に激しく振っていきます。あなたの背中を保護するために、ヒザは曲げておきましょう。

赤ちゃんがこのブランコ体操も「たかいたかい」も好きなら、前で振ってから高く上げ、ストンと落としてまた前後に振るというようにやってみましょう。

今度は赤ちゃんを驚かせるために、ブランコと「たかいたかい」を交互にやってみます。生後5ヶ月を過ぎた赤ちゃんはこのような遊びをとても喜びます。

お座りでブランコ

赤ちゃんを仰向けに寝かせ、頭の側に脚を大きく開いて立ちます。ヒザを曲げ、上腕を赤ちゃんの腕の下に入れて赤ちゃんをつかみ、お座りの姿勢に起こします。両手で赤ちゃんの両足をそろえて持ち、腕の下も支え続けながら両ヒザを開かせてチョウチョのポーズをとらせます。

その姿勢で赤ちゃんをあなたの両脚の間で前後に振ります。最初は優しく、うまくブランコの動きができるようになったら、あなたの両脚より前で、左右に振ったり両方向に円を描くように回したりしてみましょう。練習をすれば、円を描きながら赤ちゃんの高さを上げたり下げたりもできるようになります。

みんなで一緒に

ベビー・ヨーガを友人や配偶者、パートナーと一緒に練習すると、楽しみながらペアでポーズがとれます。ベビー・ヨーガに限らず、ヨーガは1人でやるよりいつも誰かと一緒にやるほうが楽しいのです。

ここに紹介したポーズは、ベビー・ヨーガが上達してくればこんなこともできるという例に過ぎません。可能性は無限大にありますし、他の人と互いにサポートしながら新しいやり方を発見するのもヨーガの楽しみの一部なのです。

ヨーガを誰かと一緒に行うと、赤ちゃんとだけでなく大人同士でも、体と体でコミュニケーションをはかることができます。出産後は「朝のコーヒーの時間」も赤ちゃんのお守りをしながらになってしまいますから、グループでのヨーガ体操の時間は大人も存分に遊ぶことができるチャンスなのです。人と一緒にヨーガをやると大人が絶えず笑っているので、それを見て赤ちゃんも喜びます。

あなたのヨーガ体操に赤ちゃんを参加させる

赤ちゃんだけでなく、自分自身もヨーガ体操をしたいと思ったら、自分のポーズに赤ちゃんを引き込めばいいのです。あなた自身のヨーガに赤ちゃんを引き込んでうまくコミュニケーションをはかることが、今後あなたが自分のことをしていても赤ちゃんに疎外感を抱かせないための予行演習になります。自分の全神経を赤ちゃんに集中させるのではないのですが(実際、自分にも気を配ります)、赤ちゃんの存在を無視するということとも違います。これは、今までとは違ったやり方で赤ちゃんとの理解を深めていく手段なのです。あなた自身がヨーガ体操を行うことで、赤ちゃんには選択の自由が与えられます。あなたを無視して自分で遊んでもいいし、あなたのマネをしてもいいし、あなたの注意を引いてもいいのです。赤ちゃんがそのように自由になっても戸惑わなくなってくれば、あなたのヨーガ体操に喜んで参加するようになるでしょう。

体と心の自由

赤ちゃんは、あなたのヨーガポーズの一部もしくは全部に近寄ってくることもあれば、逆に全く近寄ってこないこともあります。また、赤ちゃんが起きている間はずっとヨーガ体操をしたいという人もいれば、時々でいいという人もいるでしょうし、逆に赤ちゃんが寝ている時か、誰かに預けている時にやると決めている人もいると思います。そんな時は、赤ちゃんにもあなた自身にも考えを変えるチャンスを与えましょう。あなたのヨーガポーズに赤ちゃんが近寄ってきたら、安全な範囲内で抱いてあげます。赤ちゃんを受身にさせないように肉体的・精神的なスペースを与えることが大事です。赤ちゃんが安心感を求めている時だけ抱いて揺すってあげ、それ以外は自由なスペースを与えてあげるのです。

ヨーガを通してのコミュニケーション

ヨーガをやっている時は、たとえ完全に自覚していなくても、赤ちゃんに自分の意志を伝えています。出産前からヨーガがあなたの生活に重要な意味を持っていたのなら、自分のヨーガ体操に赤ちゃんを参加させることによって、過去と現在とが融合することにもなります。ヨーガをやる時は、何かを宣言するのも1つの手です。体操メニューの区切りごとに宣言の内容は変えても構いません。例えばあなたのヨーガ体操に赤ちゃんを初めて参加させる時は、「今日は私の世界にあなたのためのスペースを喜んで作ってあげましょう」などです。

注意：常に赤ちゃんの様子に気を配ること。逆立ちから足を下ろす時、赤ちゃんが自分で動くようになっている場合は、特に注意が必要です。

チェックポイント

- ごく短時間で終わる体操メニューを2週間1サイクルとして行い、赤ちゃんがポーズを理解するまで2、3日の猶予を与えてあげます
- 赤ちゃんも参加させやすいようなポーズを選ぶこと。
- ポーズの最中に赤ちゃんがあなたを邪魔しても、あせった素振りを見せないこと。どんな時でも赤ちゃんを安心させることを最優先させ、赤ちゃんの要求に答えるような行動を示してあげましょう。ただし赤ちゃんを安易に甘やかさないように。繰り返しそのような状況になり、一緒にヨーガをやっても赤ちゃんがあなたにポーズをとらせてくれないためにイライラしてしまったら、第5章をよく読んで、赤ちゃんと一緒にリラックスする方法を練習してみてください。赤ちゃんと一緒にリラックスできれば、次回はもっとお互いにいい関わり方ができることが多いのです。
- マットや敷物を広げたら体操を始める、それらを巻いたら体操は終わりなど、体操の最初と最後は、赤ちゃんがはっきり分かるような合図を与えてあげること。

独立したヨーガ体操へ

あなたのヨーガ体操に赤ちゃんを迎え入れることによって、赤ちゃんの動きは促進され、赤ちゃん自身もヨーガのポーズがとれるようになっていきます。赤ちゃんはベビー・ヨーガを始めた最初の頃から、自発的な動きの一端は見せています。例えば新生児の頃、股関節の体操の時に初めて蹴る動作を見せるのは、あなたに体を動かされたことで刺激を受けた結果です。赤ちゃんは徐々に、寝返り、お座り、ハイハイと発達していきますが、こうしたステップをあなたは赤ちゃんと一緒に歩み、おそらくヨーガ体操で次のステップのヒントとなることを示してきたはずです。もう少しで赤ちゃんは、背中と両脚を完全にまっすぐに伸ばすことができるようになり、いよいよ立って歩き出し始めるでしょう。赤ちゃんがヨチヨチ歩きをするようになれば、ベビー・ヨーガも終了と思われるかもしれませんが、その先も一緒にヨーガ体操を続けることは可能です。

基本的な日課

ヨチヨチ歩きを始めると、ボディマッサージとヨーガを組み合わせて行うのが好きな子もいれば、起き上がってどこかへ行ってしまう子もいます。そういう時は赤ちゃんの望みに寛容に対応することです。

- 次のような方法で、赤ちゃんに自分の実際の体よりも大きな重みを味わわせてあげましょう。
  逆立ちにさせたりや手押し車で歩かせる
  立っていろいろなバランス運動をさせる
  体が逆さまになる体操を行う
  立って赤ちゃんに自分の力で起こさせる
- 次のような方法で赤ちゃんに自分のマネをさせてみましょう。
  「いとまきの歌」を振りつきで歌う
  イヌのポーズ（下の写真）などヨーガのポーズをやってみせる
- 次のような方法でストレッチとリラックスの違いをはっきり分からせましょう。
  「空まで伸ばす」や「毛糸だまの中でリラックスするように」といった表現を使う
  キックして足をブラブラさせる

「ベビー・ヨーガをやって、エイミーは体が柔軟になりました。彼女は自分でヨーガのポーズをとったり私のポーズをまねたりするのが大好きなので、ヨーガの時間は2人でとても楽しく過ごしています。ヨーガのおかげで、適切な筋肉を正しく伸ばしたり鍛えたりしながら、どうやったら子供を安全かつ楽に持ち上げたり抱いて歩いたりできるのかが分かるようになりました。」

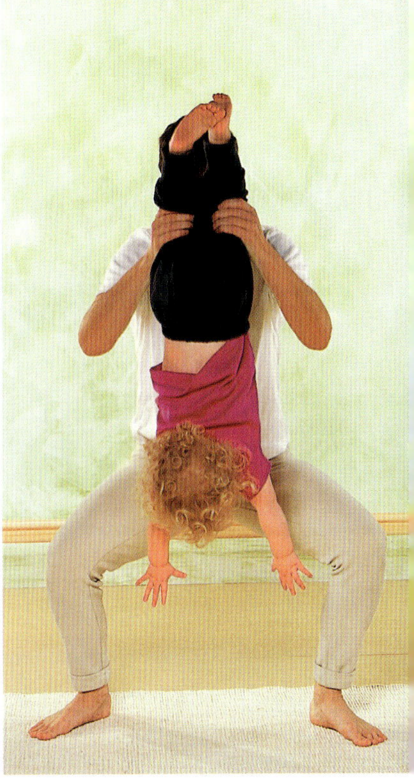

気分を和らげリラックスする

赤ちゃんとのヨーガ体操が、エネルギーに満ちあふれた激しいものになっていくに従って、毎回の体操メニューの最後に、より十分な休息をとることが必要になってきます。赤ちゃんの方も、日増しに活動的になってきていますので、昼間に寝かせようとしても以前のように寝ないこともあるかもしれません。もう一晩中起きることなく寝るようになった赤ちゃんの場合には、特にその傾向が顕著になります。生後4ヶ月から8ヶ月の赤ちゃんは、刺激を受けやすいので、高く持ち上げたり落としたり、放り投げたりブランコのように揺らす動きは、回数を制限して行うことが重要です。こうした動きをやり過ぎると、極度の興奮状態に陥ってしまい、最終的にはそれがストレスとなって結局は泣き出してしまいます。ヨーガにおける静と動のバランスに注意し、一連の体操メニューが終わるとごとに、必ずリラックスして気持ちを和らげる時間を与えてあげましょう。

　私たちは、ヨーガのポーズが神経機能を落ち着かせる働きがあることを知っています。しかしベビー・ヨーガでは、動きのあるポーズが取り入れられているため、ポーズを取って静止するというヨーガの基本要素がありません。親は力を抜いた持ち方や次のページで説明するリラックス法を利用して、赤ちゃんにこの「静止」の状態を作り出してやる必要があります。ヨーガ体操を終え、親子リラクゼーションに入る前や、何らかの理由で体操を中断しなくてはならない時は、「わざと力を抜いて抱く」という簡単なテクニックを用いれば赤ちゃんの気持ちを和らげることができます。

　少し大きくなった赤ちゃんやヨチヨチ歩きの子供と一緒に練習した時は、寝そべってシャバ・アーサナ（死体のポーズ）をとるのが最も良い方法です。さまざまな理由から、ヨーガを中断して何か他の作業に移らなければいけないこともありますが、そこでしっかりとリラックスさせておけば、あなたにも赤ちゃんにも良い結果をもたらすのです。

わざと力を抜いて抱く

力を抜いた持ち方(90、91ページ参照)のどれかを用い、赤ちゃんをできるだけ自分が楽なように抱いて、立つか円を描いてゆっくりと歩きます。前と違うのは、目的を持ってわざとそのような体勢を取っているという点です。つまり今は活動したあとのリラックスタイムなんだということを伝えるために、この体勢をとって心と体で静かに赤ちゃんとコミュニケーションをはかるのです。あなたの体から緊張感を解放するための呼吸法(16、17ページ)を利用して集中しながら、立ったり座ったり歩いたりしましょう。自分の呼吸リズムを感じ、呼吸のスピードを落とすために吐く時間を少し延ばすように努めます。赤ちゃんが抵抗したり嫌がるポーズを見せたり、もしくは泣いたり叫んだりした場合は、優しくかつしっかりと抱きながら、立つ、座る、歩く、どれでも自分の選んだ方法で、そのままじっと集中し続けます。赤ちゃんを抱きながら静かに話しかけ、今は休む時間だということを説明してあげてもよいでしょう。第5章に紹介する、赤ちゃんと一緒に休息する方法を練習していけば、リラックスするために赤ちゃんを抱いているという目的により近づくことができるでしょう。

気分を和らげる時の問題点

理由も分からず対処もできないほど感情が高ぶった赤ちゃんを見ていると、おそらくストレスがたまってくると思います。あなたが何をしても収まらず、だんだん気が立ってきたら、何でもよいので頭に浮かんだ歌を歌って、自分の気分を静めてくれるようなリズムを取りながら赤ちゃんを抱き続けましょう。歌いながら徐々に、赤ちゃんを静かにリラックスして抱ける状態に持っていくことが重要なので、明るくてゆったりしたリズムがいいと思います。

自分の緊張感が解放されたら、上の写真のように赤ちゃんと一緒に座って、バランス運動などでリズムを取り続けてみます。今度は赤ちゃんが、気持ちを落ち着かせる番です。あなたの腕の中でリズミカルな動きを取りながら、完全にリラックスするまで少しずつ落ち着いた反応を返してきます。ヨーガの要素を取り入れたこのようなやり方で、赤ちゃんの全神経機能をなだめることができます(赤ちゃんの機嫌の悪さや興奮状態をなかなか静めることができないおしゃぶりよりもずっと効果的です)。以上のように、まず自分を和らげそれから赤ちゃんの気を静めるやり方は、繰り返し行えばだんだん簡単にできるようになるでしょう。

5 自己の解放と自己育成
ヨーガ式リラクゼーションについて

赤ちゃんにヨーガ式のリラクゼーションをという考え方は、最初は不思議に感じるかもしれませんが、ヨーガ式のリラクゼーションこそが、より活発になったヨーガ体操とのバランスをとるという役目に最もふさわしい行為です。試しに赤ちゃんとのヨーガにリラクゼーションを取り入れてみれば、それがヨーガ体操を完成させるために必要不可欠な要素となっていくはずです。赤ちゃんだけでなくあなた自身のリラクゼーションも重要ですから、とにかく赤ちゃんと一緒に休息するということがポイントになります。

ヨーガ体操というものは、すべてストレッチとリラックスが対になってできています。それに加えて1つの動きが終わるごとに休息し、その日の体操メニューの最後には、「死体のポーズ」などで更に長いリラクゼーションを行います。リラクゼーションを行うと、内に秘められていたエネルギーが体中に満ちあふれてきます。またリラクゼーションをうまく利用すれば、あなたの子育ての幅を大きく広げることもできます。赤ちゃんにとっては、リラクゼーションが生きていく上で必要となる技術だとも言えます。なぜならリラクゼーション中は、主要な神経機能の受容力が最大限に高まるからです。赤ちゃんと一緒にリラクゼーションを始める時期が早ければ早いほど、大きな効果を上手に得られるようになるでしょう。生後6ヶ月を過ぎてから始める場合には、この章を読む前に106、107ページの基礎的なリラックス法を試してみてください。

毎日のヨーガ体操メニューが終わると(体操だけでなくボディマッサージや入浴も一緒に行った時は特に)、赤ちゃんは心地よい疲労感に包まれ、おっぱいを飲むと寝てしまうことが多いと思います。これだけでも赤ちゃんには良いことなのですが、リラクゼーション技術を習得することで、更にその効果を上げることができるのです。大人の場合と同じように、心から休息すると、意識は起きたままで、赤ちゃんの全身の機能が睡眠中と同じ状態になります。心拍速度が落ちて呼吸は穏やかになり、体はとても温かくなってエネルギーの流れも変わってきます。赤ちゃんの様子も全体的に穏やかになって、満足感が増してきたのが見て分かると思います。

おそらくあなたはこの本を参考に、自分のヨーガ体操よりも赤ちゃんの体操のほうに重点を置いて練習してきたと思いますが、心からのリラクゼーションでは、赤ちゃんとあなたの練習を切り離して行うわけにはいきません。親子が一緒に行うことで相乗効果が生まれ、それが更に2人に良い効果をもたらします。赤ちゃんとのリラクゼーションは、親子が密接に関わり合う、正に双方向的な行いです。母親とお腹にいる赤ちゃんとの関わり合い方を元にして、ヨーガ体操のプロセスの1つしとて作り変えたものなのです。

リラクゼーションのプロセス

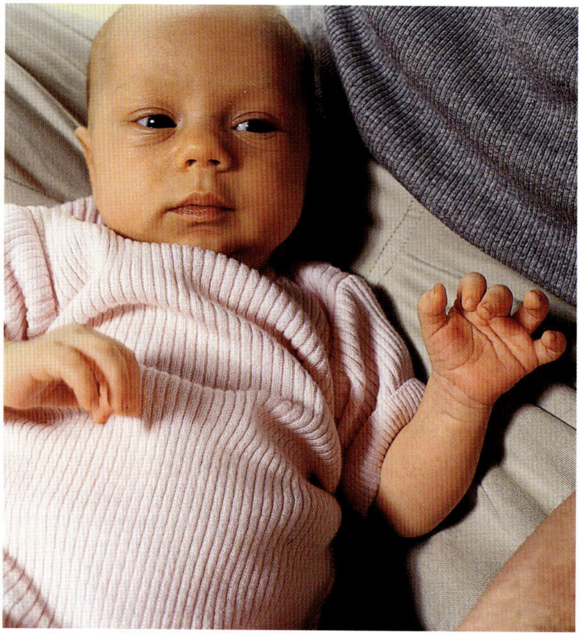

あなた自身が心からのリラクゼーションを味わったことがない場合は、肉体的にどのようなプロセスでリラックスしていくのか自分の体で分かるようにまで、ともかく基本的なステップに従ってやっていくしかありません。そのうちにこのリラクゼーションが、ただ体を休めたり赤ちゃんを静かにあやしたりするのとは全く別のものであり、感情も神経も含めたあなたのすべてを関わらせる行為だということが分かってくると思います。ヨーガ式のリラクゼーションを日常的に行っている人なら、これから説明する赤ちゃんとのリラクゼーション法にもそのやり方を活用できるでしょう。

赤ちゃんと一緒にリラックスすることは、あなたが自分1人でリラックスするのとは違います。なぜなら焦点は、あなたと赤ちゃんとの共同作業にあるからです。自分を今いる世界や活動から切り離すということは、赤ちゃんを心配する気持ちを解放することでもあります。親子とも起きている時に赤ちゃんをしっかりと抱きながら、自分の意識を赤ちゃんからそらすような努力をするのです。あなたを車に例えると、ギアをニュートラルに入れてエンジンを作動させないでいる状態です。これはあなたの存在を赤ちゃんから引き離すという意味ではありません。赤ちゃんは子宮にいる時からあなたのエネルギーの流れを共有することを学んできたわけですが、今度はその流れに巻き込まれないようにしてあげるのです。それによって、赤ちゃんは心配そうな表情がなくなったあなたを見て、日々の活動からくるストレスの波の下に穏やかに横たわっている深い愛情を受け止めるでしょう。初めての子供の場合は特にそうなのですが、この時期は、赤ちゃんと一緒にリラクゼーションを行うのが、あなたと赤ちゃんだけでなく家族全員の幸せのためにも最も大切なことなのです。

あなたと赤ちゃんに何が起こるか

リラクゼーションによってできることをすべて知っておきましょう。

- 「あなたがリラックスすれば赤ちゃんもリラックスする。」だから赤ちゃんとのリラクゼーションを始めたという人は多いのですが、むずかる赤ちゃんをすぐに落ち着かせられるようになるまでには、相当の練習と技術が必要です。それは最終的な目標にしておきましょう。
- まずあなたがリラックスし始め、次に赤ちゃんもリラックスするのを感じ、それによってあなたも更にリラックスしていき、それに反応する赤ちゃんもますますリラックスしていくという具合に行います。あなたと赤ちゃんとが互いに反応し合うことで、2人一緒に深いリラクゼーション状態へと入っていくのです。

1日のどこかで、赤ちゃんと一緒にリラックス状態について考えたり試したり味わったりできる機会はあると思います。リラックス状態に入れた時、入れなかった時、知らず知らずのうちにリラックス状態に入っていた時などの違いに気をつけていれば、リラクゼーションを行うのに最適の状況を発見することができるようになるでしょう。

自己の観照作業を利用する

赤ちゃんは自分の体験したことに反応しながら世の中を認知しています。この本の最初のほうで述べた、「自己の観照」の原理を思い出してください（19ページ参照）。自分の心の状態を正確に認識すればするほど、赤ちゃんがいかに正確にその本心をキャッチしているかということに気づくでしょう。赤ちゃんはあなたの心の中が分かるのです。それに気づけばあなたの赤ちゃんに対する態度も変わってくるはずです。もはや赤ちゃんを自分と切り離して見るのではなく、自分と照らし合わせ双方向的に見るようになってくるでしょう。

- あなたは自分のできる範囲で良い親となればよいのであって、赤ちゃんと一緒にいるときは常にリラックスを心がけなければならないというわけではありません。ただどんな場合も赤ちゃんは、昼と夜、起きている時と寝ている時のように、あるリズムの中で緊張状態と休息状態とのバランスを取ることが必要です。ですから赤ちゃんの行動にイライラした時は、その時の自分の感情をしっかりと認識して覚えておくと同時に、その感情に身をゆだねてしっかり体験することが大事です。そのことに罪意識を感じたり自分を非難したりする必要はなく、ただ変化の過程ととらえればよいのです。
- 「赤ちゃんがリラックスしているのであなたもリラックスできる。」謙虚な気持ちで赤ちゃんとの相互交流を行えば、もっとリラックスするにはどうしたらよいか赤ちゃんが教えてくれます。詳しくは120ページで説明します。
- 「あなたと赤ちゃんがリラックスすれば、家族の他のメンバーもリラックスする。」あなたと赤ちゃんとのリラックスの効果は、すぐに家族の他のメンバーにも波及していきます。
- 「今やあなたがリラックスすれば、確実に赤ちゃんもリラックスさせられる。」赤ちゃんの機嫌や調子が悪い時には、特にこの考え方が有効です。

このように精神的な方法でリラクゼーションできるようになると、あなたのヨーガのレベルも上がりますし、認識力も更に拡大することでしょう。

「私の場合は、ベビー・ヨーガの中で重要な役目を果たしたのはリラクゼーションでした。本当の意味でのリラックスを覚えたのです。マリアが私のそばで幸福感や安心感を抱いていることが分かったので、彼女から気持ちを切り替えることができると感じました。私がリラックスしていると、その状態を尊重して彼女自身もリラックスするようになったのには驚きました。」

一緒にリラックスするための準備

1つ1つのヨーガ体操の最後を締めくくる短いリラクゼーションは別にして、「親子リラクゼーション」は、それだけで1つの体操です。他の体操と合わせてでも、リラクゼーションだけでも、いつでも赤ちゃんと一緒に練習できます。基本のステップの所要時間は、10分ほどです。慣れてくれば、すぐにリラクゼーション状態に入ることができ、長い時間深いリラクゼーション状態を保てるようになります。

1　素早い自己認識

リラックスするための準備として、素早く今現在の自分の感情を認識します。まず赤ちゃんに対するもの、それから自分自身に対する感情です。最初は自分が混乱していると感じるかもしれません。睡眠不足の時や子育ての大変さを感じている時などは特にそうです。そういう時は、ぐったりと疲れていること以外は何も感じられないと認識しましょう。気分やエネルギーレベルの微妙な違いも、だんだんに認識できるようになります。新米の母親にとって、自分の中で赤ちゃんに対する感情と自分自身に対する感情を区別することは難しいことですが、それもそのまま認識しましょう。直立のポーズを取ると意識が集中し自分を落ち着かせやすくなるという場合は、リラックスポーズに入る前、「素早い自己認識」の締めくくりとして利用しても結構です。

2　親子リラクゼーションの体勢

経験を積めば、どんな体勢でも赤ちゃんと一緒にリラックスすることができるようになりますが、最初はできるだけ一緒にいて楽な体勢を取りましょう。

寝そべって

ヨーガ式リラクゼーションの経験者でも、両脚を伸ばして床に平らに寝る姿勢が、最も赤ちゃんと一緒にリラックスできるわけではありません。腰をしっかりと支え必要ならヒザを立て、首と頭が背骨と一直線になるようにします。後ろに反ってしまっても、逆にアゴがつまってしまってもいけません。その他には、クッション性の高いイスや大きな枕を利用し、背骨の一番下が床からほん

始める前に

リラクゼーションの障害になるものをすべて取り除きます。体の両脇にクッションを置くなどして安全面での心配をなくしたり、電話を留守電にしたりして途中で邪魔されないような環境が整ったことを確認します。何回か行えば、精神的に気になることのチェックリストを機械的に処理できるようになり、リラクゼーションによってそれらの気になることそのものが完全に排除できるようになると、そもそもチェックリストを作ろうという気も起きなくなってきます。

の少し上の位置になって体が床から20から30度角度になるようにもたれ方もあります。

赤ちゃんは胸の上に乗せます。顔は上げていても下に向けていても、あなたの好きなほうで構いません。生まれたばかりの赤ちゃんは、仰向けや横向きを好むことが多いようです。赤ちゃんのためにもあなたのためにも、赤ちゃんの成長に合わせて随時体勢は変えていきましょう。あなたの体の上ではなく、横に赤ちゃんを寝かせて行うこともできます。赤ちゃんと体が触れるような体勢なら、どんな形でもお互いをリラクゼーション状態へ導いてくれます。

座って

授乳中や授乳後に、腰をしっかりと支えヒザとお尻が同じ高さになるように座ってリラックスするととても楽です。ヒザを上に曲げる必要がでた時のために、足を乗せる場所、物を確保しておきます。背の低いイスに座っている場合は、クッションやクッション性の高いイスに両脚を伸ばしても結構です。帝王切開だった場合は、下腹部を圧迫しないようにヒザの上にクッションを置いてその上に赤ちゃんを乗せましょう。

立ってまたは歩いて

動いてリズムを取りながら赤ちゃんと一緒にリラックスする方法として前に出てきた、歩きながらのリラクゼーション(66ページ参照)にも、ここで説明している静止状態でのリラクゼーションの内容がすべて含まれています。

3　赤ちゃんにリラクゼーションのサインを送る

赤ちゃんは、あなたが親子リラクゼーションの体勢に入るとすぐにそれを察知すると思いますが、赤ちゃんに次のような特定のサインを、順を追って示せば、特にその傾向が強まります。

1　自分が選んだ体勢に合わせて、背中と首をほぐします。下アゴの力を抜き、あくびをしても構いません。

2　肺に自然と息が入ってくるように、2、3回息を思い切り吐きます。あくびやため息などして、息を吐きながら声を出しても構いません。

3　赤ちゃんを支えている手の力を緩めます。この時、赤ちゃんはあなたが支えなくても大丈夫なように乗っかっていなくてはなりません(立った姿勢の場合は除きます)。赤ちゃんの体や頭をなでたり、そっと横に揺らしたりといった優しいやり方で、赤ちゃんの位置や姿勢を修正しましょう。

4　自分の呼吸のリズムを感じ、できれば赤ちゃんのも感じてみます。これができると、自分の気分が良くなる曲を歌いたくなったりハミングをしたくなったりするかもしれません。

5　赤ちゃんに関して、あなたの中に安心感や親近感、幸せが呼び起こされるようなイメージを頭に描いてみます。そして心の中に、赤ちゃんと一緒にのびのびと仲良くリラックスできるようなスペースを作ろうとしてみてください。

赤ちゃんのサインを読み取る

ここに紹介したステップに従いながら、例えば次のような、赤ちゃんがよく繰り返す行動パターンがないかどうか観察しましょう。

- 気分が落ち着く前は、そわそわしている
- ミルクや注目されることを求めて泣く
- 両腕を大きく開く
- ノドをクークー鳴らしたり歌ったりする
- 心拍速度が落ちて肌が温かくなる

親子リラクゼーションの世界へ

赤ちゃんと一緒にリラックスするための準備が整うと、深いリラクゼーション状態に入る前に通らなくてはならない関門の入り口が開かれます。赤ちゃんとリラクゼーションの世界を共有するのはなかなか難しいことで、やり方を間違えないように最初から十分に注意して行っていく必要があります。とにかく経験を積むことが重要です。最初はこのページのマニュアルを参考にして行い、それからあとのページを読んで自分の経験を豊かなものにしていってください。練習内容は、赤ちゃんの成長に合わせて発展させていくことを忘れずに。

アイデンティティ

赤ちゃんが生まれると、今までのあなたの、人との関わり方は180度変わってしまいます。赤ちゃんに愛情をそそぐあまり、赤ちゃんから片時も離れることができなくなることもありますし、以前のような「普通の」生活にはもう戻れないのではと不安に思うこともあります。多くの親たちがこのような思いを経験し、時には自分のアイデンティティを失いそうになることもあります。リラックスして自分自身に意識を集中する練習を始めれば、自分と赤ちゃんのアイデンティティが、互いに接近しながらそれぞれ独立しているという状態を落ち着いて認識できるようになるでしょう。

身をまかせていくステップ

1　アイデンティティ
これがあなた、私の赤ちゃん、そしてこれが私。
私たちは、お互い十分に接近していますがそれぞれ完全に独立しています。

2　信頼感
あなたは大丈夫、私も大丈夫。
私たちは、ただここに存在するための準備が整いました。欲しいものもすることもありません。

3　赤ちゃんの解放
私はあなたを心配する気持ちを解き放ちます。
私たちのことを深く知ることで、心配と愛情の違いを完全に理解しました。

4　ストレスの除去
あなたの泣き声はどこに行ってしまったのでしょうか。
あなたの世話で日々蓄積されていたストレスを十分に感じ、それは取り除かれました。

5　自己の解放
ストレスを取り除き、リラックスを感じます。
自己を解放していくプロセスそのものを経験しています。

6　自己育成
私たちの周りに、宇宙の生命エネルギーが無限大に広がっているのを全身で感じます。
私はそこから、私自身のため、私と赤ちゃんの絆のためにエネルギー補給を行います。

7　無条件の愛情
私たちがどのように1つになっているかを十分に感じます。
無条件にあなたを愛することが私に最大の喜びを与えてくれます。

赤ちゃんに対する自分の意識を集中させるステップ

- 横になって両ヒザを立て、足で床を押しつけます。赤ちゃんの片手または両手をつかんで、2つの体を意識します。
- あなたが感じている否定的な感情を認識し、その1つ1つについて反対の肯定的な感情を見つけます。
- 目を閉じて、あなたと赤ちゃんがどのように一緒にいるかを感じます。目を開け、自分たちの今の様子を見つめます。再び目を閉じて、目で認識したことと感じたことを一緒に体験します。母親として、赤ちゃんがまだお腹の中にいた時の気持ちを思い出し、それと今生まれてきた赤ちゃんを見て気づいたことや感じたことを比較します。
- 第1、第2チャクラ（それぞれ会陰、ヘソ附近）に意識を集中し、そこまで届くように深呼吸をして自分の中にある根っこの部分を感じましょう。

「親子リラクゼーションは、一時もじっとしていられない我が子には特に有効的だということが分かりました。彼も常に楽しいことばかりを求めるということはなくなりましたし、私も満足感や安心感に浸りながら2人で静かに座ることができてとても幸せです。他の人には、とても扱いやすい赤ちゃんだとも言われます。」

信頼感

ベビー・ヨーガでは、安全を確認した上で冒険を行いながら信頼感と自信を促進します。そしてその影響は、あなたと赤ちゃんとの生活のさまざまな分野へと拡大していきます。子育てという新たな責任に対して不安感を感じているなら、自分と赤ちゃんを信じ、そして赤ちゃんと一緒にリラックスするために必要なサポートを得ることに気持ちを集中させなくてはなりません。信頼感とは、自分の行為が赤ちゃんや家族、自分自身にとって最適なものだと信じることだけではなく、自分は宇宙のハーモニーの中にしっかりと守られているのだという確信を持つことなのです。もしこのような感覚がよく分からなければ、人生への肯定的な気持ちを持つことだと考えても結構です。

赤ちゃんの解放

いよいよあなたは「リラクゼーションの世界」へと足を踏み入れました。万が一この赤ちゃんを解放するプロセスで赤ちゃんが泣き出してしまったら、いったん中止してなだめ、機嫌が良くなった時にもう一度試してください。赤ちゃんはほどなくあなたの行動を理解し、それがあなたと一緒に行う楽しい行為だと分かれば、このステップを喜んで受け入れるようになります。一緒にリラックスし始めると必ず泣きだすという場合は、何かトラウマがあって（あなたが認識しているものかどうかに関わらず）、それを癒す必要があるとも考えられます。120ページの、赤ちゃんを親子リラクゼーションへと導く方法を参考にしてください。

赤ちゃんを解放するのは、最初はつらいことです。なぜならそれはあなたのごく普通の意識状態を否定することになるからです。何の悪影響も起きないのか確認したいと思うでしょうし、眠っていない状態でそんなことが可能なのか確信が持てないかもしれません。でも実際にやってみなければ何も分かりませんし、しかも解放できるようになるには、何度か練習が必要です。一度できるようになったら、今度は時間をかけて更に理解を深めていってください。

ストレスの除去

- 目を閉じます。まぶたに意識を集中して目をリラックスさせます。視神経を脳の奥深くまでたどっていきます。後頭部をクッション性の高いイスや枕の上に乗せて休め、もう一度首をリラックスさせます。目は閉じたまま、赤ちゃんを感じます。手で支えていてもいなくても構いません。何度か行ううちに、目を閉じたままで赤ちゃんをより敏感に深く認識することができるようになってきます。ヨーガの技術を使うことで、心の中の目で赤ちゃんを見ることができるようになるのです。

- 自分が意識して聞くと耳を奪われてしまうような周囲の音から、自分の聴覚を分離します。家の周囲の音を聞きながら眠っているイヌのように、聴覚を分離して自分の中に引き込みながらも外部の音がかすかに耳に入っている感じです。直感や心にひびく音しか聞こえない状態になったでしょうか。

- 呼吸を、自分のするがまま意識します。呼吸法を変えようとしたり呼吸の良し悪しを判断したりしないようにします。赤ちゃんのそばで自分の呼吸のリズムを楽しみます。自分の呼吸を感じている時は、いわばあなたがあなた自身の存在の目撃者になっているのです。今している行為から離れて、自分の感情は抜きにあなた自身を見ていることになります。最初は思考と感情が邪魔して、うまく経験できないこともありますが、自分の呼吸にそっと自分自身を従わせることができれば、そして特に赤ちゃんがあなたにくっついて気持ち良さそうに眠ってしまえば、どんどん経験しやすくなっていきます。たとえその瞬間まではよく分からなくても、いったんこの状態に入ればすぐに落ち着いた気持ちになれると思います。

- 今やあなたは更に深いリラクゼーション状態に入りました。赤ちゃんを心配する気持ちを解放したのです。このプロセスで赤ちゃんとの接触が断ち切られたわけではありません。それどころかあなたの感覚を内に引き込み自分の呼吸に集中したことで、あなたと赤ちゃんの間を常に隔てていた思考の障害がなくなって、赤ちゃんにより近づくことができたのです。

この時点で、あなた自身も赤ちゃんもそれぞれリラクゼーション状態に入りました。今度は自分の呼吸を感じている状態に、赤ちゃんの存在も参加させます。赤ちゃんの呼吸も感じてみるのです。2人の呼吸は、赤ちゃんが生まれた時から徐々に呼応してきて、同じようなリズムになっていることもよくあります。

自己の解放

ついに自己を解放することができる状態まで来ました。自分の呼吸を目撃した時と同じように、今は赤ちゃんと一緒にいることでとてもリラックスした状態になっていると思います。疲れている時のほうが簡単にリラックスできますし、2人とも眠ってしまっても構いません。実際、夜中に目が覚めてしまった時、また眠りにつくための1つの方法でもあります。これが、疲れすぎている時や感情が高ぶっている時となると、自己の解放を行うのは至難の業です。しかしもしそのような経験をしてしまっても心配することはありません。それは自分に与えられるはずの経験ではないと考え、それと同時に何らかの援助や解決策を得ることができるのなら、それを喜んで受け入れましょう。自分に必要な援助をすべて受け取ることができることを、信じるとまではいかなくても希望するのです。

リラクゼーションの世界では、このようなやり方で身をゆだねれば、あなたと赤ちゃんの周りに満ちあふれている愛情や温情の波を受け取りやすくなります。短時間でもこのような世界を訪れてみることで、深い休息状態に反応する自分、どんな感情(たとえそれが苦痛だとしても)の下にも再び愛情を見出せることを知っている自分など、自身の一部分と出会うことができます。リラックスしている時に、心の奥底に怒りの感情(誰か特定の人に向けられたものでもそうでなくても)があることに気づいた場合も、身をゆだねる方法は有効的です。判断を下さずにその感情をただ認識すれば、適切な解決策へと導いてくれるのです。

自己育成

自己の解放によって宇宙の生命エネルギー(プラーナ)が一気にあふれ出てきたら、それをすべて吸収し、それをそのままあなたと赤ちゃんに還元します。ここでもあなたはただ「感じる」だけでよいのです。コンセントを差し込んだり、充電器にバッテリーをセットしたりするのをイメージしてください。実際に自分で体験して、その効果を得るしか方法はありません。赤ちゃんが生まれて以来最もくつろいだ気分を、一瞬にして感じることでしょう。手がジンジンして、顔の筋肉が更にゆるんでいくようにも感じるかもしれません。今自分に最も必要なことを行うやり方で、自分が肉体的にも感情的、精神的にも育成されたということを強く感じます。

リラックスを行う時は常にこの自己育成を行い、子供にエネルギーを与えるために自分が必要になるエネルギーを、自分で生み出すのです。インドでは古くから、「己の母、己の父になるように」と言われており、ヨーガはこれに従っています。緊張感を取り除く必要があるのと同じように、理想としては毎日、赤ちゃんに与えた分のエネルギーを補う必要がありますし、今後に備えて余分に蓄えておく必要もあります。

補給したエネルギーを分け与える

このようにして補給したエネルギーは、あなたの体から赤ちゃんにも分け与えてあげることができます。母親の場合は、見えないヘソの緒を通して赤ちゃんに栄養を与えるような感じで、父親の場合は、母親と同じやり方でもできますが、赤ちゃんと一緒にエネルギーの広場を共有している感じでもいいでしょう。物事を映像化することに慣れている人は、この段階で感じることを何でもいい

産後の憂うつ感に対するリラクゼーション効果

産後の憂うつ感に陥ってしまったら、ヨーガ体操のメニューの1つとして親子リラクゼーションを行うと、赤ちゃんに積極的に関わりあいながら、深い休息を増進する手助けとなります。

- 「This Little Pig Went To Market(こぶたちゃん市場へいった)」や「One, two, three, four, five, once I caught a fish alive(1、2、3、4、5)」など、赤ちゃんの足や手の指を数えたり指したりといった内容の遊び歌を歌って実際にその動作をやってみれば、リラックスして落ち着いたあとも赤ちゃんと体の触れ合いを行うことができます。
- 今日、自分のごく身近に起こった事で良かったなあと感じた事を挙げて、どうしてそう感じたのか理由を2つ挙げてみます。2つ目の理由を見つけるのは難しいかもしれませんが、粘り強く考えれば見つけられます。
- 赤ちゃんと一緒にリラクゼーションを行い気持ちが落ち着いたところで、エネルギーが出るようなアロマテラピー・オイルを1滴、ティッシュに垂らして鼻の下に持っていきます。クラリセージや乳香、ローズ系のオイルが特に気分を和らげてくれます。
- 第3チャクラ(みぞおち附近にある太陽神経叢に対応している)に意識を集中させ、そこまで入るように深呼吸をします。そうすると信頼感や自信が連想されます。
- 赤ちゃんに対する無条件の愛情を、リラクゼーションの中で自分の中の子供部分に注いでみます。あなた自身もまだそのような愛情を必要としているのかもしれません。新米の母親であるあなたを育てる作業の一環として、無条件の愛情をあなた自身に静かに向けてみましょう。

ので映像化して、そのイメージを利用してみましょう。そうすると、赤ちゃんの様子が目に見えて変わっていくことがよくあります。赤ちゃんが起きている時なら、とても静かになって寝転んだり大人しく遊んだりし始め、寝ている時なら、もっと深い眠りへと落ちていって体も更に温かくなり、いっそう力が抜けてダランとしてきます。

自分がエネルギー補給を行うことに慣れたら、配偶者やパートナー、他の子供、そして自分の両親や親しい友人といった身近な人たちにも、エネルギーを分けてあげることができます。リラクゼーションでは、運動のあとのようにエネルギーを消耗することはなく、エネルギー補給によって得た良い感情を、直にその人たちに示すことできるのです。熟達するまでは、リラックスしながら、イメージとしてその人を近くに感じることができた時だけ行うようにしましょう。

無条件の愛情

あなたのエネルギー補給が上手になって親子リラクゼーションで赤ちゃんにもエネルギーを与えることができるようになればなるほど、赤ちゃんからあなたへ、そしてあなたから赤ちゃんへの無条件の愛情が、よりリアルなものとして体で感じられるようになります。なぜならリラクゼーションが、日々変化する情緒や体調の奥に存在する感情の領域への到達を手助けしてくれるからです。そしてリラクゼーションによって深い休息状態に到達すると、自分が赤ちゃんを愛しているということをすぐに思い出し、この愛情を心から感じることができます。リラクゼーションを行えば、いら立ちや疲れ、産後の憂うつの根底にこの無条件の愛情が流れているのを、いつでも、何度でも見つけることができます。赤ちゃんが大きくなっていく過程で、いつでもあなたが戻ってくることのできる源、それがこの愛情の泉なのです。

リラクゼーションの交換

これまで説明したリラクゼーションは、まずあなたがリラックスすることに的を絞り、赤ちゃんを自分のリラクゼーションのプロセスにどのように参加させていったらよいのかというものでした。実は赤ちゃんからもリラックスの方法を学んだり、お互いにリラクゼーションの方法をやりとりすることもできるのです。赤ちゃんからリラックスするための信号を受け取るとあなた自身も十分リラックスすることができ、触れ合っている肉体を通して今度は赤ちゃんを更にリラックスさせることができるという具合です。

リラックスした赤ちゃんの体を体験する

赤ちゃんがあなたの腕の中で眠ってしまった時、その眠りが浅いか深いか、感覚で分かると思います。赤ちゃんが起きている時にも、授乳中や水に浮かんでいる時、ボディマッサージやヨーガ体操のあとなどに、赤ちゃんが完全にリラックスしているのを感じたことがあるかもしれません。そのような状況に遭遇したら、赤ちゃんがリラックスしていく過程で見せるすべてのサインを見落とさないようにしながら、リラックスした赤ちゃんを抱いている感覚をしっかりと心にとめ、なおかつ可能な限りどっぷりとその感覚に浸りましょう。

あなたが赤ちゃんから学び･･･

赤ちゃんを観察するだけでなく、赤ちゃんがあなたに送ってくる信号を忠実にマネしたり返したりする練習をしましょう。授乳時や眠そうな赤ちゃんと一緒にいる時は、常に気持ちを楽にして体の力を抜いて柔らかくするようにします。

　同様に赤ちゃんが不快感を持っている時の体の変化も観察し、それぞれを比較して、それによってあなたがどのような影響を受けるかも心に留めておきます。つらそうな赤ちゃんを腕に抱いていると、どれほど自分の体に影響を受け、赤ちゃんに答えてあげようとする自分もつらくなるかということを感じるのです。影響を受けた度合いの順に、どこがどのくらい緊張したかを書き留めてください。実際に紙に書くことで、より正確なイメージがつかめるようになります。

･･･赤ちゃんがあなたから学ぶ

赤ちゃんは生まれた時からあなたをじっと見てきたので、あなたがリラックスしている時や緊張している時に発する信号を理解するようになっています。ときどき赤ちゃんがあなたの言動に関係なく反応しているように感じることもあるとは思いますが、実際はすぐに赤ちゃんからあなたへの反応とあなたから赤ちゃんへの反応とを切り離すことは不可能になってしまいます。赤ちゃんにはそれぞれの傾向や個性がありますが、それがどのように発展していくかは、赤ちゃんが一緒にいることの多い人間に大きく左右されます。ヨーガ体操においても同様のことが言え、あなたの体がストレッチしてリラックスした状態になり、赤ちゃんとの触れ合いの中で緊張とリラクゼーションの違いをはっきりと示せば示すほど、リラクゼーション状態を赤ちゃんと交換しあうことができるようになるのです。

相互に学び合う

授乳中やヨーガ体操の最中に、赤ちゃんがリラックスしているのを感じたら自分も体をリラックスさせて赤ちゃんに答えてあげる練習をしましょう。赤ちゃんが幸せそうに笑うと、あなたもそれにつられて笑顔になります。赤ちゃんのボディランゲージをよく見て、その動きをマネしてみます。背中の力を抜き、両手を開いてその手を振ったり、あくびをしたり、顔をしかめてまた元に戻したり、首の力を抜いたりといった具合です。その間も自分のリラックス状態は維持し、できるだけ体を楽にして赤ちゃんと触れ合います。そしてあなたのやっていることに赤ちゃんがどう反応するかを観察しましょう。

2、3回このような赤ちゃんとのやりとりを繰り返したら、赤ちゃんのマネも自分のリラックスも、更に誇張させてわざとらしいくらいに行い、ゲームのようにしてしまいます。（このようなゲームは、赤ちゃんのお気に入りのヨーガ体操中に行うこともできます。赤ちゃんが喜ぶようなマネの仕方をあなたなりに工夫してください。）

子守歌

赤ちゃんに動作を見せる時に、何かテーマソングのような歌を歌いながらやるのも1つの手です。自分の知っている歌でも、自作の歌でも構いません。こういう時、世界中の誰もが歌うのが子守歌です。赤ちゃんとの触れ合いには、やはりこの古典的な方法が威力を発揮します。子守歌は赤ちゃんをリラックスさせるだけではなく、歌うあなたをも気持ちよくさせるような力を持っているのです。

赤ちゃんをあやす方法

以上のような方法は、不機嫌な赤ちゃんをなだめたり機嫌を直したりする時にも使えます。赤ちゃんを抱きながら、赤ちゃんがリラックスしていた時の触れ合いで見つけた、ポイントの動きをやってあげましょう。これはあなた自身が赤ちゃんを見て作り出した動きなので、赤ちゃんもこれには敏感に反応することが多いのです。赤ちゃんはマネするという動作に関心が高く、ただそうやって動きを見せるだけで効果があります。これには次のような理由が挙げられます。

- 赤ちゃんの機嫌が悪い時にあなたがしてしまういつもの反応をせずに済みます。このあやし方が条件反射的に出てくるようになっていれば特に有効です。
- あなたと赤ちゃんとの間で生み出した行為なので、あなたは赤ちゃんにも理解できる動きをしていることになります。
- 純粋な不快感と、退屈や甘えとを区別するよい方法です。

経験を積んでいけば、自分の好きな力を抜いた抱き方をしている時でも、まず赤ちゃんからヒントを得て自分自身を内面的にリラックスさせ、それからこのようなやりとりを始めることができるようになります。

即席リラクゼーション

練習を重ねれば、必要な時はいつでもどこでも瞬時にリラクゼーション効果を得られるようになります。これは赤ちゃんとヨーガ式の深いリラクゼーションに入る場合にも、赤ちゃんからヒントを得た動きを行いながらリラクゼーションを交換する場合にも言えます。どんな時でもこれが効果的だというわけではないので、すぐにできなくても落ち込まないでください。ただうまくあなたと赤ちゃんの間にある緊張感が和らいで心の平穏と満足感を回復することができるたびにそのプロセスが安定し、リラクゼーションが2人にとってとても強力な武器になることは確かです。

次に挙げる、即席リラクゼーションのステップのどれか1つを使っても、複数を組み合わせて使ってもいいし、自分独自のやり方を見つけても結構です。

どんな体勢でもできる方法

1　腹式呼吸で2、3回大きく息を吐きます。
2　赤ちゃんを支えている手や腕をリラックスさせます。
3　自分の心臓を体の中心に感じます。
4　湧き上がる無条件の愛情の供給源にコンセントを差し込み、自分の体から赤ちゃんへ肌を通して愛情の電流が流れ込むようにします。

座った姿勢または立った姿勢で

1　両肩の力を抜きます。
2　背中は真っ直ぐにしたまま、両ヒザを曲げます。
3　息を吐きながら、背中全体を2、3回下にストンと落とします。

「リラックスの広場」を創造する

家で自分だけで体を動かしたいのだけれど、その間できれば赤ちゃんをベビーサークルや赤ちゃん用のイスに座らせたくないと考えている人には、これから紹介する練習が役に立つと思います。

ヨーガのポーズを取ったり親子リラクゼーションの練習をしたりする中で、あなたと赤ちゃんとの双方向的な関わり合いが赤ちゃんに満足感と幸福感を与えるということを、すでに認識していることと思います。この認識を利用して、あなたが赤ちゃんと同じ部屋や空間にいる時、赤ちゃんの周囲に「リラックスの広場」を創造してあげることができます。これはまた、とても活発な赤ちゃんと休息する場合や、赤ちゃんの具合が悪い時など一緒にいてあげる必要がある場合などにも有効的です。

更にこういった必要に迫られた時以外にも、赤ちゃんの周りにリラックスの世界を創造してあげることは、日々の暮らしの中で「喜びの上昇スパイラル」に赤ちゃんと一緒に乗ろうとする時にも非常に役立ちます。最初は懐疑的になるかもしれませんが、2、3週間練習すれば、赤ちゃん、そして家族や友人の中にも、新たな落ち着きと満足感を見出すことになると思います。

- 赤ちゃんと同じ部屋で、直接体を触れ合わない状態で楽に座ります。この章で説明した深いリラクゼーション状態へと入っていくステップを順に追っていきます。赤ちゃんと自分だけになって赤ちゃんが泣いていない時を選んで行いましょう。

- 赤ちゃんの安全を確認します。寝返りやハイハイができるようになっていればなおさら注意します。もし不安なら、他の人に離れたところから赤ちゃんを見ていてもらいましょう。例えば部屋のドアを開けっ放しにして、隣の部屋にいてもらうなど、その人が赤ちゃんと関わらないようにします。
- リラクゼーション状態へと入る時、赤ちゃんを心配せずにいられない気持ちや目を閉じることに対する抵抗感を確認しながら、赤ちゃんを自分から切り離すようにします。赤ちゃんへの関わり方が、今までとは別の補足的なものに変わっただけだと信じ、目を閉じて更に深く自分をリラックスさせます。
- リラクゼーションしていく途中で、赤ちゃんと自分との間に強い絆が結ばれているのを見つけたら、それを断ち切ります。最初これを行うのは難しいかもしれませんが、あなたと赤ちゃんの周りに巨大な空間、「広場」のようなものが広がっている感じがつかめるまで頑張ってみましょう。シャボン玉や円を思い描くと、もっとその広場がリアルなものに感じられるかもしれません。
- 赤ちゃんとあなたとを結ぶ、見えない糸があると考えるのではなく、今は「リラックスの広場」に一緒にいると考えます。あなたが心からリラックスするほど、赤ちゃんへの効果も高まります。赤ちゃんは1人でいること、その時やっていることに満足していますし、あなたは、なぜこんなに赤ちゃんを身近に感じながらこんなにも自分が自由なのだろうと感じることでしょう。
- このリラクゼーションを始めた時の赤ちゃんの月齢が高いほど、赤ちゃんの抵抗も大きいでしょう。今までと同じようにあなたに構ってもらいたくて泣き叫ぶかもしれません。赤ちゃんの機嫌が悪くなってしまったら、抱き上げてあなたが愛していることを赤ちゃんに伝えましょう。それと同時に、あなた自身が赤ちゃんを離したくないと思う気持ちを認識するのです。あなたと赤ちゃんが「リラックスの広場」でそれぞれ自分の満足を満たした結果、心の平穏が生まれればそれはお互いの開放感を高めることになります。
- ヨチヨチ歩きの頃までの赤ちゃんを持つ母親にとって、リラクゼーション中だけでなく毎日の雑事をこなす時間も、赤ちゃんと母親で「リラックスの広場」を作り出す絶好の機会です。すぐに1日中、赤ちゃんと無言の対話を繰り返しながら、2人で絶妙のハーモニーをかもし出していることに気づくようになります。

6 さまざまな問題への対処法
健康で明るい生活を送るためのヨーガ

ヨーガで、すべての問題が予防・解決できるわけではありませんが、ヨーガをやるとやらないとでは大きな違いが出てきます。親子間の心身のバランスが崩れていると、時としてあなたと赤ちゃんとの身体的、精神的なハーモニーが乱れることがあり、その乱れを修復するための具体的な手段の1つがヨーガなのです。

子育てに関する専門的なアドバイスと言えば、さまざまな問題に関することが中心です。赤ちゃんの問題は、不眠、騒々しい、疝痛などと分類され、解決策が見つからない場合にはたいてい我慢するようにと言われます。本書で採用する対処法は根本的にこれらとは違います。赤ちゃんの問題を機能障害として医学的にその障害の内容に焦点を当てるのではなく、ヨーガ実践の根底にあるアーユルヴェーダの原則に基づき、赤ちゃんの生命を自然の一部と見なし自然療法で治療していきます。状況が深刻になる前に、病気を未然に防いだり、病気の兆候をいち早く発見することが何よりも重要です。アーユルヴェーダの考え方で、親子それぞれが健康で幸せになり、互いにその状態を分かち合える最高のコンディションを生み出すことに重点が置かれています。実際に何か問題が起こったとしても、適切な対処を行えば、たいていは兆候の段階で消してしまうことができるのです。

立って動き回ることのない赤ちゃんにとって、ヨーガによる刺激は、消化器官の働きを活発にし、熟睡へと導く手助けとなります。ヨーガの効果は、身体的な刺激によるものだけではありません。ヨーガに治癒効果があると言われる理由の半分以上は、ヨーガをやると親子が一緒に遊び楽しめるということによるものでしょう。赤ちゃんの生活に必要なことはすべて互いに関連し合っているので、1つが良くなれば他のものも影響を受けて良くなり、それによって親のほうも安心することができるのです。問題がすべて解決し、熟睡したあとや授乳のあとなどに満足そうな赤ちゃんの笑顔を見ると、たいていは何が問題だったのか思い出せないほどです。

赤ちゃんの状態が悪いと、家族みんながつらくなりますが、自分に責任があるのかもしれないなどと考えても意味がありません。心理学者のドナルド・ウィニコットの言う「良い親であればいい」という考え方は、子育てをする上で過ちや問題は避けられないことなのだから、完ぺきな親を目指す必要はないということを教えてくれます。子育ての経験が豊かな親でも、赤ちゃんが生まれるごとにその子に合った、子育ての仕方を学んでいかなくてはならないのですから。ヨーガによって、先入観や偏見を持つことなく、親子が一緒に体と心を豊かにする方法を模索するスペースが開けるのです。

泣くことについて

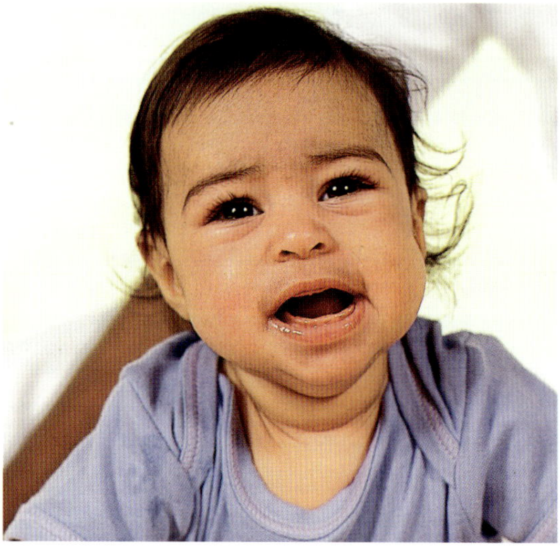

赤ちゃんは、空腹の時、どこかが痛い時、その他身体的に不快な時、また精神的に満たされなか時や苦痛を感じた時などで、それぞれ違った泣き方をします。赤ちゃんは泣くことでコミュニケーションをはかっていますので、泣き方や泣くタイミング、泣く頻度などで赤ちゃんの健康状態を把握することができます。赤ちゃんのことが分かるようになってくれば、赤ちゃんの発する信号を読み取って、その欲求にもっと適切に答えてあげることができるようになります。赤ちゃんと一緒にヨーガをやると、赤ちゃんとのコミュニケーションがより上手に取れるようになり、赤ちゃんが何を欲しているのかを冷静に見極めることができるようになるのです。

赤ちゃんの泣き方が強烈な時も、赤ちゃんに話しかけ続けましょう。自分の感情を、否定的なものであれ肯定的なものであれ声に出して言うほうが、外に出さないようにするよりも赤ちゃんのためになります。いずれにしても赤ちゃんには伝わってしまうのですから。あなたが自分自身と赤ちゃんに正直であればあるほど、赤ちゃんとのコミュニケーションもうまく取れるのです。

泣き方とその意味

赤ちゃんの泣き方を見分けることができるようになれば、手の振り方の違いなど、そのタイプごと特有のボディーランゲージの意味も分かるようになるはずです。赤ちゃんは1度に2つ以上の欲求を表現することもあります。

- 大声で集中的に泣く：痛い時(足に何かが刺さって血が出ている時など)
- 小刻みに泣く：お腹がすいている時(長時間、眠っていて起きた時など)
- 全身を動かしながら泣く：疲れた時、刺激を与えすぎた時
- 泣き止んだと思ったら泣き出したりと変則的に泣く：退屈な時、特に欲求はない
- 速く大声で泣く、リズムがどんどん速くなる泣き方、手を開いたり握ったり激しく動かしてだんだん怒ったようになる、涙を浮かべる：ストレスを感じている時
- 泣くスピードが速くなったり遅くなったりする、息を切らして泣く、変則的なリズムで泣く、手をゲンコツにして握り締め、足を蹴り、アイコンタクトが取れない：怒っている時

アイコンタクトが取れなくなるくらいに赤ちゃんのストレスが大きくなればなるほど、呼吸を認識(17ページ参照)して自分自身を集中させてから赤ちゃんにヨーガで答えてあげる、ということが大事になってきます。

泣いている赤ちゃんにヨーガで答える

赤ちゃんが泣いている理由が、明らかに空腹だと分かる場合(赤ちゃんが泣く最も一般的な理由です)以外は、まず泣いている理由に合わせたヨーガ体操を、声をかけながら行ってみましょう。数分やっても効果がない場合は、授乳を行います。

- どこかが痛い場合:力を抜いた持ち方、仰向けで抱っこ、優しく揺らす、親子リラクゼーション、歩きながらのリラクゼーション。消化機能のトラブルの場合は130ページへ。
- 疲れた場合、刺激を与えすぎた場合:仰向けで抱っこ、顔を下に向け力を抜いて持つ、歩きながらのリラクゼーション、親子リラクゼーション。
- 退屈な場合、特に欲求がない場合:授乳する前に、赤ちゃんの月齢に適したヨーガ体操を行います。立った体勢でのポーズ(落としたり揺らしたり、高く持ち上げたり放り投げたり)が最も効果的です。
- ストレスを感じている場合:まず力を抜いて持ちます。生後6ヶ月未満の赤ちゃんの場合は顔を下に向けた状態で。優しく落としたり持ち上げたりすると赤ちゃんは、あなたとしっかり触れ合っているという意識を取り戻すことができます。高く持ち上げてあげるのは、赤ちゃんの関心を他のことに向けさせるためというよりは、体で楽しませることができるからです。
- 怒っている時:力を抜いた持ち方、歩きながらのリラクゼーション。赤ちゃんの顔を下に向けた状態で、あなたの体から離して持ち、あなたの歩くリズムを感じさせます。時々足を止めて赤ちゃんを仰向けに抱き、あなた自身もリラックスします。赤ちゃんが泣きやんだらアイコンタクトを取って、優しく揺らしながら赤ちゃんを安心させるように話しかけます。

泣きやまない時

健康な赤ちゃんでも、時には明確な理由もないのに、どうすることもできないほど泣くこともあります。あなたとの密接な触れ合いによって、赤ちゃんの精神面もはぐくんであげる必要があるということをすぐに忘れてしまうからです。しかしそのように赤ちゃんの精神面も育てるためには、あなた自身も精神的に成長していることを感じなければなりません。ヨーガは、あなたの心の成長にはとてもよい手段です。赤ちゃんに体で安心感を与えてあげればあげるほど、泣いている原因を赤ちゃん自身で解明できるようになってきます。赤ちゃんの持つ高い自然治癒力を高めてあげるためには、あなた自身が力を抜いてリラックスすることで包容力を高めて、赤ちゃんと自分自身を信じ、そして赤ちゃんが泣きやむまでのプロセスにも確信を持つことです。つまり次のようにするのです。

- 赤ちゃんが、あなたには理由の分からないストレスでさんざん泣いたあと眠った時は、どんなに忙しくても横になって休みましょう。赤ちゃん以外にも子供がいるなら、静かに本を読んであげたり一緒に映画を見たりします。
- 毎日、親子リラクゼーションを行いましょう。この時、赤ちゃん以外の子供も一緒に行います。そうすることによって親子リラクゼーションにリズムが生まれます。リズムというものはそれ自体人を安心させる力があります。赤ちゃんがほとんど1日中泣いているような場合は特に効果的です。
- 赤ちゃんとの会話や赤ちゃんへの愛情を控えようとしないこと。そんなことをすれば、赤ちゃんはますますそれらを求めるようになります。できれば直立のポーズか重心を保つ呼吸法を使って、自分自身の存在を感じましょう。
- 自分自身の中に攻撃的な感情が生まれたら(ほとんどの親がときどき体験することですが)、ただそれを認識し、2、3回息を吐くのと同時に追い出します。手足を振ったりしながら行って、赤ちゃんがその感情を受け取ってしまわないように注意します。
- 赤ちゃんが泣きやんだら、アイコンタクトを取り優しく話しかけて、何も心配する必要がないことを赤ちゃんに確信させましょう。まだ少し息が乱れてすすり泣いている場合は、赤ちゃんと一緒に大きく息を吐くようにします。赤ちゃんが眠っても、話しかければまだ聞こえますから、ぐっすりと眠りに落ちていくことを願い、安心していいということ、そして愛していることを伝えます。

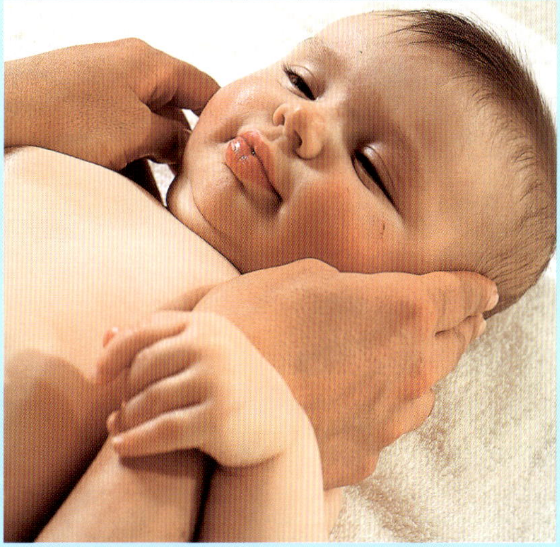

睡眠障害

家族全員が十分な睡眠時間と取れるように、赤ちゃんが生まれた時から睡眠パターンにいろいろな形で影響を与えることができます。ベビー・ヨーガによってすぐに赤ちゃんが夜ぐっすり眠れるようになるわけではありませんが、睡眠障害が起こって手に負えなくなるのを防ぐ手助けにはなります。

赤ちゃんによって必要な睡眠時間は異なり、生まれてから1年間はその差がとても激しいものです。それでも必要な睡眠時間が取れていない可能性もありますし、質の良い睡眠を取れていない場合もあります。ヨーガによって赤ちゃんは、毎日熟睡できるような刺激を受けるだけでなく、安心感や心地よさを体で理解できるようになり、眠りにつくのは楽しいことなんだと認識してそのプロセスを歓迎するようになるのです。

お互いの睡眠に合わせる

夜、一度赤ちゃんに起こされるとなかなか寝つけないことに気づき、赤ちゃんの睡眠のリズムに自分の睡眠をうまく合わせる必要性を感じることがあります。成長するにつれて変化する赤ちゃんの睡眠のリズムを受け入れながらそれに柔軟に対応していくことと、親子が互いに満足できるような方法を試すことなくただ赤ちゃんが好きな時に寝かせることは違うのです。

生後4ヶ月までの間に、赤ちゃんに寝る時間を知らせるための重要なサインになるような日課を決めているはずです。ヨーガをやると、赤ちゃんが一般的な睡眠パターンや周りの環境よりも、ヨーガを始めてからあなたと、体と体で交わしてきたサインのほうに従って眠りにつけるようになります。一度このようなサインが決まれば、それが力を抜いた持ち方をした時であれ呼吸法で緊張を和らげた時であれ、即席リラクゼーションに入った時であれ、それだけで寝る時間なんだということを赤ちゃんに伝えられるのです。ヨーガを通して体で覚えたことは、あなたが決めた他のどんな条件づけよりも効果的に働く傾向にあります。

赤ちゃんが小さいうちから夜はぐっすりと眠ってくれるという場合でも、例えば歯が生えてくる時など、やはり目を覚ましてしまう時期はあります。一度起きたあと眠りにつきやすくするためには、鼻孔での呼吸法（右上の囲みを参照）を2、3回左右交互に行い、次に親子リラクゼーション（114ページ参照）へのステップに進んでいきましょう。

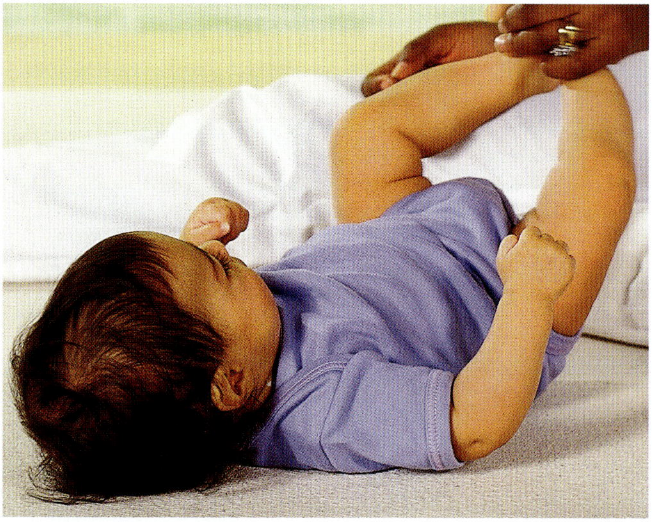

左右交互の鼻孔で呼吸

この呼吸法は、自然鎮静作用として働きます。人差し指と中指をおでこにつけ、親指で右の鼻孔を押さえ、残りの指を左の鼻孔に軽く乗せます。左の鼻孔から大きく息を吸ったら左の鼻孔を押さえ、今度は右の鼻孔を押さえていた親指を上げて右の鼻孔から息を大きく吐きます。次は反対に、右の鼻孔から吸って左の鼻孔から吐きます。同じことを6回続け、そのあとは自然に呼吸をします。

赤ちゃんの睡眠を手助けするには

赤ちゃんと一緒にヨーガを始めて2、3日すると、ヨーガをやったあとの赤ちゃんの睡眠がその時期の平均睡眠よりも少し長くなっていることに気づくと思います。

- 夜にヨーガと一緒にボディマッサージを行いそのあとにお風呂と続けると、最初に目覚めるまでの睡眠時間が長くなります。
- 股関節の体操のあとに体をひねる体操や曲げる体操を行うのも、夜の睡眠に効果的です。
- 赤ちゃんが1日のサイクルを理解するのに、リズムは非常に重要な役目を果たします。活動と休息の違いをはっきりと赤ちゃんに示してあげればあげるほど、睡眠パターンを予測しやすくなります。
- 赤ちゃんが成長していって睡眠パターンが変わった時(特に生後5ヶ月目など)、起きて活動する時間を長くすると、赤ちゃんがその新しい生活のリズムにうまく適応できるようになります。立った姿勢でのポーズや歩きながらのポーズ、揺らしたり高く持ち上げたりする動きの中から、1日に2種類の活動的なヨーガ体操を行えば、ハイハイをし始める前の赤ちゃんに心地よい疲労感を与えられる運動になります。
- 家族の生活パターンに合うように赤ちゃんのお昼寝タイムを変えたいという考えから、赤ちゃんを寝かせないようにするためには、特に活発な歩き方(96ページ参照)を行ったり、立った姿勢で高く持ち上げたり揺らしたり放り投げたりするとよいでしょう。

睡眠を楽しいものにするには

家族みんなが楽しめる、もしくは何とか耐えられる範囲の生活パターンを保ちながら、赤ちゃんが、寝ている時と起きている時、夜と昼のバランスがうまく保てるかどうかは、赤ちゃんが寝るということに対してどれだけ安心感を抱いているかにかかっています。もし家族の中に睡眠障害を持っている人がいる場合は、赤ちゃんの睡眠に対するイメージに悪影響を与えかねない緊張感を取り除くために、赤ちゃんと一緒にリラクゼーションを行うのが最も効果的です。

- 眠りに落ちていく時の赤ちゃんを観察し、手や呼吸のリズムや目の動き、体全体の調子を見てどこか緊張しているところがないかチェックします。もし緊張しているところを見つけたら、赤ちゃんを起こさないように優しく話しかけたり、場合によっては少し揺らしたりして赤ちゃんがリラックスできるように手助けします。すると眠っている赤ちゃんの緊張が解けていくのが分かるでしょう。
- 抱いているとすぐに寝てしまうけれど、ベッドなどに寝かせようとすると起きてしまうという場合は、親子リラクゼーションを日課として行うと、あなたとの密接な触れ合いの中でより安心感を持てるようになり、肉体的にあなたと離れることに対する不安感も少なくなります。
- 赤ちゃんが眠ろうとしない時は、赤ちゃんと一緒に歩いたり、歩きながらのリラクゼーションを行うのも効果的です。

消化機能障害

ヨーガの根底にあるアーユルヴェーダ式医学では、健康の基盤は消化機能にあると考えられています。ですから、生まれた時から栄養分を十分に吸収し不要なものを排出できるようにすることが望ましいとされています。新生児にとっては授乳と消化がすべてであり、その2つが問題なくスムーズに行われることがとても重要だと考えられているのです。

睡眠の時以上に授乳は、ただ生理学的なプロセスであるだけではなく、赤ちゃんが授乳を楽しいものと受け止めているかがどうかが問題になります。授乳は赤ちゃんのお腹を満たす以外に、あなたと特に密接に触れ合う時間の中で、精神的な満足感を得られる一番の要因となっています。粉ミルクよりも母乳を与えるほうが、赤ちゃんにも母親にも利点は多いのですが、哺乳瓶でミルクを与えても、赤ちゃんに授乳するという行為そのものの効果は母乳の場合と同様に高いものです。ヨーガを行うことによって、消化に関わるすべての機能が促進され、生後6ヶ月の間などは特に、赤ちゃんの快適な生活をに大きく貢献しています。

授乳中の注意点

- 座るか寝転んでリラックスすること。
- 母乳の量や質についての不安感を除去すること（信頼できるアドバイスを1つ選んでそれを信じて従う）。赤ちゃんの成長段階に合わせて、その段階ごとに必要な検診を確実に受診すること。
- あなたが授乳の時間を休息に充てて赤ちゃんとの結びつきを高めれば高めるほど、母乳の場合はあなたの体内に放出されるプロラクチン（母乳の分泌を促す）の量が増え、粉ミルクの場合は授乳という行為に刺激されてエンドルフィン（鎮静作用や、親子の愛情を深める行動を引き出す作用がある）が生成されます。
- うまく授乳ができない場合は、授乳する前に自分を落ち着かせるために、交互の鼻孔で呼吸（128ページ参照）してみましょう。授乳することばかりを意識すると赤ちゃんがうまく母乳を吸えなくなってしまう可能性があります。それを避けるためには、即席リラクゼーションを行うのも効果的な方法の1つです。
- 赤ちゃんによって授乳の具合はそれぞれです。赤ちゃんがあまり飲んでくれない場合は、赤ちゃんと一緒にもう少し長い間リラックスし、根気よく付き合ってあげましょう。赤ちゃんの授乳パターンを知っておくのも、赤ちゃんの傾向に合うヨーガ体操を見つける手助けとなるでしょう。

嘔吐について

授乳後30分の間に、消化したミルクの一部を吐き出してしまう赤ちゃんもいますし、吐き出すことなど全くない赤ちゃんもいます。ヨーガは、赤ちゃんが嘔吐するかどうか、またどれくらいの量を嘔吐するかといったことに影響を与えるものではないようです。それでも生後4ヶ月未満の赤ちゃんには、ヨーガが凝乳と一緒に粘液質のものを吐き出させる手助けをしてくれます。赤ちゃんが粘液質のものを吐き出すようであれば、母親のほうで粘り気の強い乳質にならないような食生活を心がけたり（母乳の場合だけ）、リフレクソロジーや赤ちゃん向けのツボマッサージなど指圧系のセラピー（母乳の場合も粉ミルクの場合も）を利用してみたりしてください。

注意：赤ちゃんが嘔吐して、そのあと下痢をすることが多い場合は、ヨーガ体操を中断して医師の診断を受けること。

げっぷについて

授乳中に赤ちゃんが吸い込む空気の量は赤ちゃんによって違いますが、あなたの体がリラックスしていて正しい体勢で授乳が行われていれば、赤ちゃんがげっぷをする必要はほとんど、もしくは全くありません。げっぷする必要がある場合には、軽く落とす動き（37ページ参照）を優しく行うと効果的です。赤ちゃんを安全姿勢でヒザの上に乗せ、一方の腕で赤ちゃんの胸を支えながら、お尻を支えていた手で赤ちゃんの背中を下から上へ優しくさすってあげてもいいでしょう。西洋以外の多くの文化圏では、母親が赤ちゃんにげっぷさせることはなく、赤ちゃんが自分でげっぷできるように促してあげています。

便秘について

便秘になると排便する時、明らかにつらい思いをすることになります。母乳を飲んでいても便秘になる赤ちゃんが増えていますが、これは最近まで、あり得ないことと考えられていました。ベビー・ヨーガの最大の効用は、便秘を防いだり治したりできるところにあります。

- 股関節の体操を1日に2回、2日間続ければ、大抵は直ります。
- 月齢の高い赤ちゃんの場合は、体をひねる、曲げる、回転させる体操や逆さまのポーズを行うと、便秘になりにくくなります。
- ヨーガを始めた時にすでに慢性的な便秘に陥っていた場合、それをすぐに解決させるには、股関節の体操と温かいオイルマッサージを組み合わせて行うといいでしょう。

注意：上記のことを試しても便秘が治らない場合は、医師の診断を受け、必ず赤ちゃんに十分な水分を与えてあげること。

> 「ヨーガはアナの腹痛にとても効果がありました。苦痛をなくして彼女を落ち着かせることができたのです。彼女は「いとまきの歌」が大好きで、これを歌うといつも笑ってくれました。それだけでなく彼女がこれから寝ることを連想できるような、ウォーキングと呼吸のリズムを見つけることもできたのです。」

疝痛《せんつう》

生後3週間から4ヶ月の間は、健康な赤ちゃんでも定期的に疝痛と呼ばれる急激な腹痛に見舞われることがあります。疝痛を起こす赤ちゃんは、だいたい夜になると決まって激しく泣き叫び、けいれんした時にありがちな両ヒザを抱え込むような体勢をとります。ストレスからきていて、すぐにはなだめられないくらい激しく泣く場合にも疝痛という言葉が使われます。でもこの疝痛も、自然に終わりを告げる日がやってきますので安心してください。

疝痛の原因は不明です。腹部のけいれんまたは赤ちゃんの未熟な神経システムに原因があるのか、もしくはその両方かもしれません。ヨーガの世界では疝痛は、体内のエネルギーの中心、つまりはチャクラの1つ（この場合はみぞおちの辺りにある太陽神経叢と対応する繊細なチャクラ）がバランスを崩したことが原因ではないかと考えられています。疝痛は、あなたと赤ちゃんが疲れていたり緊張していたりすると更に悪化してしまうようです。ヨーガを行って緊張を解くことで、疝痛を兆候の段階でとどめたり、除去してしまう場合もよくあります。

力を抜いた持ち方で治す

顔を下に向けた安全姿勢（36ページ参照）をとらせた赤ちゃんを体の前で持ちます。胸を支えている手の位置はそのままにして赤ちゃんの体を横向きに回し、背骨をあなたの肋骨にそって伸ばします。右利きの場合は、赤ちゃんの頭が左手側にくるようにして、左手を赤ちゃんの左腕の下からいれてあなたの腕が赤ちゃんの胸に回るようにします。左利きの場合は、赤ちゃんの頭が右側にくるようにです。お尻を支えている手を赤ちゃんの両脚の間に滑らせてお腹の位置まで移動させます。この状態で歩きながらのリラクゼーションの時にあなたがこれと決めたリズムで歩きながら、赤ちゃんのお腹を優しくマッサージします。

- この持ち方だと赤ちゃんの胸を開き、背中をあなたの肋骨で支えているので、赤ちゃんは全身を伸ばした状態になります。これだけでも疝痛の特徴であるけいれんの痛みを和らげることができます。
- この持ち方だと、赤ちゃんの全身が伸びた状態となりますが、赤ちゃんはあなたの心臓の音を感じて安心することができます。
- お腹で円を描くようにマッサージをしてあげると痛みも和らぎ、お腹から消化している音や腸でガスが移動している音などが聞こえるかもしれません。
- あなたの歩くリズムにも痛みを和らげる効果があり、疝痛に対して赤ちゃんと一緒に取り組むことができます。赤ちゃんが苦しんでいるのに親として何もしてあげられないなどと思わずに、赤ちゃんと一緒に克服する努力をすることです。

- 赤ちゃんが疝痛のサインを見せたらすぐに痛みを和らげるような持ち方を行うように心がければ、赤ちゃんの症状がそれ以上進む可能性も減ります。

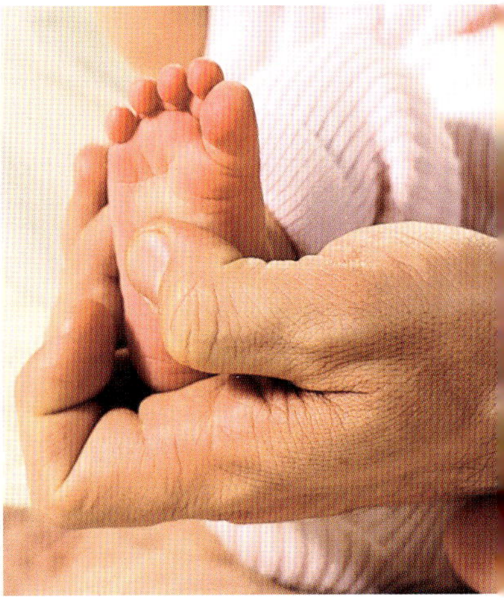

股関節の体操とボディマッサージで治す

以上のことと同時に、赤ちゃんの月齢に適した股関節の体操を一通り行います。例えば朝などに、赤ちゃんの体に十分触れることができるお腹のマッサージを最初に時間をかけて行い、それから体操に入ると良いでしょう。

赤ちゃんの消化機能を刺激するには、足を持って親指で足の裏の土踏まずの部分をなでてあげましょう。この部分は上行結腸と下行結腸の反射点なので、ここを刺激すると疝痛の兆候を和らげられるのです。

お腹のストレッチで治す

生後8ヶ月未満の赤ちゃんの場合

- 正座して、赤ちゃんを太ももにうつ伏せで寝かせます。みぞおちの背中側を優しくマッサージします。
- 赤ちゃんをうつ伏せにして、あなたの頭の上に置きます。

生後8ヶ月以上の赤ちゃんの場合

- 仰向けに寝てヒザを立てます。赤ちゃんをうつ伏せにして太ももに置きます。赤ちゃんの両手をつかみ、優しく前後に揺らします。
- 消防士の持ち方（91ページ参照）も、疝痛を和らげる効果があります。

注意：疝痛を悪化させてしまいますので、ジェットコースターのポーズをとる時のように赤ちゃんを横にしてあなたの両脚にまたがるようには置かないこと。

あなたの太陽神経叢（みぞおち部分）をなだめる

赤ちゃんの具合が悪いためにあなたも気が立ってきたら、赤ちゃんのだけでなく自分の太陽神経叢をなだめる方法を見つけなければなりません。疝痛をなだめる持ち方をして赤ちゃんが少し落ち着いてきたら、親子リラクゼーションを行いながら自分の太陽神経叢に対応するチャクラに意識を集中し、自分の感情を探ってみましょう。日々の生活が太陽神経叢に大きな影響を与える場合もあり、とても刺激を受けやすくなっている可能性もあります。次に紹介する、疝痛を引き起こした赤ちゃんを持つ多くの親たちの支えとなってきた言葉を読めば、自分自身にも赤ちゃんにも穏やかに接するための手助けとなることでしょう。「私は、私自身と赤ちゃんの良き聞き手となることができるのです。」

出産時および周産期のトラウマ

難産や、生まれた直後に手術などの処置を受けなければならなかった赤ちゃんは、その時の痛みやショックを体が記憶してしまう可能性があり、それが思いもかけずトラウマとなってのちに何かの出来事を起こす引き金になることがあります。例えトラウマになりそうなことを経験したと、はっきりとした形では認識していなくても、少しでもその可能性があるなら、慎重に対処するに越したことはないので、トラウマを癒す効果のあることを行いましょう。それによって赤ちゃんに悪影響を与えることなど全くありませんし、もしトラウマがあればそれをなくしてくれる実践的な方法なのですから。

難産の経験を赤ちゃんと一緒に癒す

あなたの希望に反して、出産がスムーズに行かず難産だった場合、頭ではその理由を受け止めながらも、心の奥底には傷ついた感情が残ってしまうことがあります。出産時にさまざまな介入を受けるとおそらく初期の親子の絆が断ち切られてしまうため、赤ちゃんを見た瞬間に愛情が湧きあがることはなく、赤ちゃんを好きになる努力をしなくてはならなくなってしまうと思います。

ヨーガによって絆を作る

ベビー・ヨーガを毎日行うと、生き生きした肉体的な絆が生まれるようになります。ヨーガのポーズや動きによって、赤ちゃんに元気よく精力的に関わることができますし、アイコンタクトやお互いの反応による会話が促進されます。出産直後に赤ちゃんと離れなくてはならなかった場合などは特に、赤ちゃんと固い絆を結ぶために、毎日ヨーガのメニューを一通り行うようにしてください。

- 生後12週間までの赤ちゃんには、仰向けで抱っこするのが最も効果的です。
- 歩きながらや寝転んでの親子リラクゼーションを行うと、赤ちゃんとの密接な触れ合いを通して、自分の妊娠から現在までを1つのつながりとしてとらえられるようになります。更に自分の中にある怒りや失望が消えて、あなたが出産時に経験したことに関わらず、目の前にいる生まれてきた赤ちゃんに対する感謝の気持ちが前面に出てくるようにもなります。リラクゼーションに入る前に赤ちゃんに話しかけるのも、感情を解き放つ1つの方法ですし、そのほうが感情を押し殺そうとするよりも赤ちゃんを怖がらせることが少なくなります。

誕生時の障害をヨーガで治す

難産による障害のほとんどは小さくて何もしなくても自然に治るものですが、次のような場合は、ヨーガ体操が回復を早めてくれます。

肩と腕が硬い場合

赤ちゃんは肩も腕も大きく開くことができず、全く開けない場合もあります。

- どんな動きも無理には行わないこと。状況が良くなるまでは、腕や肩のストレッチ（58ページ参照）もやらないこと。
- 赤ちゃんの成長段階に適した股関節の体操と、そのあとに体をひねる体操を行います。
- 体をひねる体操を徐々に肩まで行っていきます。最初に無理なく楽しめるのは、手と足を対角線上に伸ばすストレッチ（51ページ参照）です。
- 2、3日はここまでのステップを繰り返し、できるようになってから新しい体操を取り入れること。
- 次は小さい動きのみの踊りの童謡（「いとまきの歌」が最適）を行い、それから徐々に、大きい動きのある童謡をやってみます。
- 自信がついてきたら、赤ちゃんを仰向けにして優しく腕と肩の体操を試してみます。
- 仰向けのストレッチが完成するまで、うつ伏せでの腕のストレッチ（59ページ参照）はやらないこと。
- 赤ちゃんが自信を持って胸を開いていけるようになる過程を、赤ちゃんと一緒に喜びましょう。そうすることで赤ちゃんは腕をもっともっと自由に開けるようになるのです。

首が曲がっている場合

この場合赤ちゃんの首は、左右のどちらか一方に傾いていて、痛みを伴うこともあります。時間が経てば自然とまっすぐになるので、特に治療が必要なほど深刻ではないと言われてきたのなら、ヨーガが頼りになると思います。

- 背骨のストレッチはどれをやっても、首を支える筋肉を鍛えることになります。
- 赤ちゃんの背骨に関係するポーズをとる時は、赤ちゃんの頭がまっすぐになっていることを確認しましょう。
- うつ伏せにして安全姿勢をとらせるより、赤ちゃんの頭と首を支えながら揺らすほうがいいでしょう。あなたの腕力に問題がなければ、生後16週間経ってからも続けてください。
- 逆さまでの体操（54ページ参照）は、背骨をまっすぐにするのに特に効果的です。

トラウマを癒したという記憶

お腹の中の胎児や生まれたばかりの新生児が、体に受けたトラウマによって精神的にも傷つくということが、私たちには、いまいちはっきりと理解できないものです。赤ちゃんが何の予告もなく突然泣き叫び始めるのは、以前に体験した鋭い痛みを思い出したからということはありえます。（ヨーガの最中、赤ちゃんの体のある部分をちょっと押した時にも起こりますし、前の日と同じ動きでも今日突然、反応することもあります。）同じようなことが、例えば短い体操の間に2、3回繰り返し起こったら、そういう可能性もあることに確信をするでしょう。

ヨーガや特別な親子リラクゼーションを使って、赤ちゃんを落ち着かせたり、赤ちゃんの肉体的な苦痛の元（あなたがそれを気づいているかどうかに関わらず）を取り除いてあげることができます。これはすぐに結果となって表れてきます。というのも、これらの行為で赤ちゃんの神経システムの中に組み込まれたものが、肉体をも変える力を持つからです。あとになって更に複雑な記憶と混ざってしまう前に、この段階で赤ちゃんの初期のトラウマをなくすほうが易しいのです。

その他のよくある問題

あなたの赤ちゃんへの接し方は、赤ちゃんの行動に大きな影響を及ぼすだけでなく、時にはその行動様式そのものを形成したり決定したりすることもあります。赤ちゃんとの関係が悪くなる時がある場合は、罪の意識を感じたり自分を責めたりせずに、その事実をしっかりと見つめて何か解決策があるはずだと考えることが大事です。次に挙げる具体的なアドバイスに従えば、親子間によくある否定的な触れ合いのパターンをより良く認識することができるようになり、ヨーガを通してそれらの解決に取り組めるようになるでしょう。

ミルクの飲みすぎ

授乳するのが赤ちゃんをなだめる唯一の方法だからと授乳に頼りすぎていると、気づいたら1日中、時には夜中までほとんどノンストップで授乳していたということがあります。パターンとしては、授乳して約30分経ったころ、赤ちゃんがお腹がすいたという感覚を持つとすぐに泣き出し、授乳を再開するまでその泣き方がどんどんひどくなっていくというものです。医者や授乳に関するカウンセラーから、赤ちゃんの体重が増えつづけていることを指摘されたら、赤ちゃんだけでなくあなた自身のためにも、授乳パターンを変える努力をしましょう。

- 授乳を終えると泣き出してしまう赤ちゃんの場合は、疝痛のところ（132ページ参照）で説明した、赤ちゃんをなだめる力を抜いた持ち方を試してみます。
- 1日に2、3回、赤ちゃんが満腹の時を見計らって、赤ちゃんの成長段階に適した股関節の体操を2回続けてやってみましょう。赤ちゃんに話しかけたり歌ったりしながら行い、楽しい時間にする努力をします。
- 授乳中はいつも深くリラックスするように心がけましょう。
- いつもより多くミルクを飲んだ時と、空腹そうだけれどすぐに他のことに気をとられたりおしゃぶりですむ時を覚えておきましょう。
- 赤ちゃんがその時一番喜ぶヨーガ体操をいくつか利用して、授乳の間隔を徐々に空けていきましょう。最初は2時間空けば、大喜びだと思いますが、そこから更に、中には他の子よりも授乳の間隔が短い場合もあることを考慮に入れながらも、今度は2時間半という具合に目標時間を長く設定していきます。
- 新たにできた自由時間を利用して、エネルギーを生み出すヨーガのウォーキング（96ページ参照）をしたり自分の呼吸を意識したりして、あなた自身がくつろぎましょう。

発育不良

赤ちゃんが発育不良だった時、この重大な事態の影になって、赤ちゃんの周りの環境に存在している否定的な触れ合いのパターンが隠れてしまうことがあります。赤ちゃんとうまく触れ合うことができないのを赤ちゃんの疾患のせいにするのはやめて、あなたが感じている緊張感が赤ちゃんに負の効果を与えていないかどうか確認するのです。便秘などの身体的疾患の多くは、1日か2日、ヨーガ体操を行えば回復しますが、赤ちゃんはただ身体的な不快感を訴えているのではなく、精神的な疾患にかかっている可能性もあります。ヨーガを行うことで、健康とあなたの肉体的、社会的環境とがどのようにつながりうるのかを認識することができるようになり、赤ちゃんと自分のために、人生における調和や幸福感の促進を目指して、前向きに変わろうという気持ちを持つようになるのです。

繰り返す子育てのパターン

自分が親になることが分かった時、自分の時とは違う育て方をしようと強く思う人もいるでしょうし、逆に自分の子供時代と同じ体験を自分の子供にもさせてあげたいと思う人もいるでしょう。いざ赤ちゃんが生まれてみると、その日その日の子育てに追われてそのような期待は、ほとんど消滅してしまったはずです。その結果、自分が一番よく知っている、両親から受けた育児をそのまま無造作にマネしているか、わざとその反対の育児を行っているかのどちらかであることに気づくと思います。

新米の親たちが行き詰まってしまう一般的な子育てパターンは、赤ちゃんの一日の生活を育児基準に従って構築しようとする、感情の表し方やコミュニケーションのはかり方が分からない、正しいと言われていることをやることへの不安、満足以上のことを行うのが大事だと考えてしまうことなどです。赤ちゃんとのヨーガ体操が上達すれば、自分が同性の親と同じように振舞っているか、もしくは完全に逆のことをしているかが分かり、そういった子育てパターンをよりはっきりと認識することができるようになります。特にリラクゼーションでは、自分の中の自分に出会い、自分自身を赤ちゃんの世話という行為から切り離すことで、その行為の形が見えてくるのです。リラクゼーションの世界に入って始めて、あなたの両親があなたに教えてくれたことに共感することができ、更に自分だけの子育ての仕方をはっきりと見つけることができるのです。

リフレクソロジー

足には、体のいろいろな部分の反射点があるという原理に基づくセラピーで、マッサージで足を刺激することによって、全身の器官の働きを正常化します。

頭がい骨の整骨療法

頭がい骨を優しく刺激して、体のさまざまな不具合を治すセラピーです。これは開業医などが行うことが多く、鉗子（かんし）によって引っ張り出される方法で生まれ、その時の苦痛がトラウマとなった赤ちゃんの治療に効果をあげているようです。

「憂うつの下降スパイラル」からはい上がる

ベビー・ヨーガをやった赤ちゃんは、あなたと幸せを分かち合うという前向きな経験で満たされます。赤ちゃんは、本物の無条件の愛情以外にだまされることはありません。あなたが幸せであることを赤ちゃんも望んでいますし、あなたが幸せになれば赤ちゃんも幸せなのです。落ち込んだり疲れたり望まない無理をしようとしたりすると、こういった幸せの共有が揺らぎ、喜びの上昇スパイラル（20ページ参照）が一瞬にして憂うつの下降スパイラルへと形を変えてしまいます。このような下降スパイラルからはい上がるためには、ヨーガほど力を発揮できるものはなく、赤ちゃんとの触れ合い方を良いものに変えることができるのです。

1 ストレスに押しつぶされ、あなたと赤ちゃんの間の愛情も引っ込んでしまう

- 心からの疲労と極度のストレスのため、絶望の底に沈み込んでしまって赤ちゃんのことが頭から消えてしまうことがあります。
- 赤ちゃんは愛情や精神的な栄養分がなくなっていくのを強く感じます。赤ちゃんが泣けば泣くほどあなたの気分も悪くなり、それによって更に赤ちゃんは激しく泣き出します。

2 赤ちゃんに助けてもらう

- それでも赤ちゃんが自分のことを無条件に愛してくれることを思い出して、一筋の希望にすがります。
- 状況を認識しながら赤ちゃんと一緒にリラックスすると、新たな可能性の世界が開けてきます。

3 毎日赤ちゃんと一緒にヨーガを行いその効果を受け止める

- 試練の時に特別のケアやサポートを必要とするのが、あなたであれ赤ちゃんのほうであれ、ヨーガで毎日体を動かすことによって、健康の基礎を作ることができるようになります。

4 赤ちゃんとの触れ合い方を認識する

● 自己の観照(19ページ参照)の原理を使って、自分の精神状態やムードがどのように赤ちゃんの反応に影響を与えているかを認識する力を高めます。

5 リラクゼーションを使って自分を中立の状態にし、赤ちゃんとの触れ合い方をはぐくむ

● ここが下降スパイラルから上昇スパイラルへの転換点です。

● ここから新しい「喜びの上昇スパイラル」の始まりです。完全に赤ちゃんを解放して自分の身を任せることができれば、赤ちゃんの反応も肯定的なものになるのだと信じましょう。最初はうまくいかないでしょうが、赤ちゃんがあなたのリラックスした状態を受け入れていくたびに、少しずつ良いほうに変わっていきます。

6 スパイラルの広がり方は、最初はゆっくり、それから疑いのない確固としたものに

● あなたがやったことが何であれ、赤ちゃんはもう愛情が失われる経験をすることがないような基盤ができました。その成功が、喜びをどんどん大きくしていき、赤ちゃんと一緒に成長していきます。

● 一緒に成長するということは、毎日新しい好奇心を見つけるということを意味し、赤ちゃんを抱いていると、すべての宇宙を結び付けているものは愛情だということを思い出させてくれます。

本書に寄せて

子供を生んだ1976年から1978年の間、私にとって重要な問題になったのが、どうやって自分のヨーガの修行を続けていったらいいのかということでした。そこで私は2つ方法を考え、実行しました。1つ目は、1976年に編みだしたヨーガ式の乳児向けマッサージ法です。これは普通の乳児向けマッサージに、私が1973年にインドで仕事をしていた時の経験と、1970年から1976年までヨーガのインストラクターとして学んだことを取り入れて発展させたものです。ちなみにこの時の経験が、「Infant Massage: a Handbook for Loving Parents」（1978年初版）という私の著書を生み、更に今や世界規模のヨーガ・インストラクター組織となった「The International Association of Infant Massage Instructors（国際乳児マッサージ師協会）」の設立へとつながっていったのです。2つ目は、私のヨーガに子供を引き込むという方法です。フランソワーズがこの本の中で紹介しているようなやり方を私もいろいろやりました。「赤ちゃんに聞いてからやる」ことと「手で触れてリラックスさせる」こと、この2つのテクニックは、私が日々の実践の中で見つけ、今は世界中の私の協会でもそう教えています。フランソワーズが、これらの要素の一部を「ベビー・ヨーガ」に盛り込んでいることをうれしく思います。この本で彼女は、インドで古くから行なわれてきた日常的なベビーケアの技術も取り入れています。

私は常々、世界中の未開文化地域における子育てに感銘と影響を受けてきました。彼らの多くは、私たち西欧文明よりもはるか昔、何千年も前からそうやって子供を育ててきた歴史があるわけですから、彼らの持つ知恵は単なる「民族の風習」などという言葉で片付けられるべきものではありません。フランソワーズには、ヨーガ体操について、更にヨーガに赤ちゃんをどう組み込ませるかについての専門知識と経験があり、うれしいことにそれを今回読者の皆さんにも伝授してくれています。私たちは、赤ちゃんのもろさから触れるのを恐がってしまい、動いたり触れられたりすることで得られる自然な喜びを赤ちゃんから奪ってしまいがちです。いつも同じ角度でものを見せられ平らなベッドに寝かされたままの赤ちゃんは、自分の鼓動や呼吸を感じることも、自分が生きている360度の世界を体験することもできないのです。赤ちゃんを一人にしておくと、意図せずとも、赤ちゃんはそうやって一人で誰とも接触がないのが普通だと思ってしまいます。近年、親がいなくても赤ちゃんをあやすように開発された道具の多くは、親子の関係を親密にしてくれるというより、親子間の距離を広めてしまうものです。赤ちゃんは、実際に動いて息をする愛すべき存在であり、やはり親の私たちが最初の人間関係をつくってあげなければならないのです。

親子にとって何がいいことかなのかを考える時、親が自分自身の持つ価値判断に従い、自分の直感に耳を傾けるのはとても大切なことです。私としてはこの本を読み、もしあなたの家の近くでレッスンが開かれているなら参加することをお勧めしますが、もしその中で何か疑問があれば、実行する前に、医師などの自分が知っている健康アドバイザーに必ず相談してください。この本に紹介されている動きが好きな赤ちゃんもいれば、もう少し優しく、ゆっくり包み込むような動き方に変えたほうがいい赤ちゃんもいます。特に安全の面で気がかりなことがあるなら、まず自分の感覚を信じ、それから信頼している人たちにこの本に載っていることを自分の赤ちゃんにやってみても安全なのか助言してもらうようにしましょう。

ベビー・ヨーガは、楽しみながらそして愛情を与えながら、赤ちゃんに3つの感覚を教えてあげるものです。それは自分のいる世界を感じるためのごく自然な感覚で、縮こまる感覚、広がる感覚、そして赤ちゃんにとって一番大事な人と一緒になる感覚です。自分が何か運動をする前にストレッチをして筋肉を温めるのと同じように、赤ちゃんにも体を温めるマッサージとストレッチを行うところから始めるのが理想的です。赤ちゃんの反応を確認してそれに答えながら、この本に紹介されているテクニックを使ってやれば、あなたとあなたの赤ちゃんだけのやり方を編み出すことができます。このベビー・ヨーガを実践すれば、それが楽しくて心が豊かになるもの、そして赤ちゃんとの絆を深めリラックスできるものだということが分かるはずです。私もそうでした。そしてあなたと赤ちゃんとの関係に大きな効果を与えるものとなることでしょう。

ヴィマーラ・マクルア Vimala McClure
「The International Association of Infant Massage Instructors（国際乳児マッサージ師協会）」創設者
他の著書：「The Tao of Motherhood」、
「The Path of Parenting」

関連文献

Barbira Freedman, Francoise, Doriel Hall著「Postnatal Yoga」London：Lorenz Books, 2000年
Cappachione, Lucia, Sandra Bardsley著「Creating a joyful Birth Experience（6,7,8,9章）」NY：Simon&Schuster, 1994年
Chamberlain, David著「The Mind of your Newborn Baby」バークレー：North Atlantic Books, 1998年
Cochrane, Amanda著「Safe Natural Remedies for Babies and Children」Thorsons, 1997年
Dayton, Tian著「Daily Affirmations for Parents」Health Communications Inc., 1992年
Figes, Kate著「Life after Birth: what even your friends won't tell you about motherfhood」Viking, 1998年
Gerber, Magda, Allison Johnson著「Your self-confident Baby」John Wiley&Sons, 1998年
「The Family Guide to Reflexology」1998年／訳書「リフレクソロジー生活―家族のハーモニー＆ホリスティックケア」アン・ギランダース著　産調出版
Green, Dr. Christopher著「Babies」Simon&Schuster, 1998年
Heinl Tina著「Baby Massage: Shared Growth Through the Hands」Boston：Sigo Press, 1991年
Huntley, Rebecca著「The sleep Book for Tired Parents: Help Solving Children's Sleep Problems」Seattle：Parenting Press, 1991, London：Souvenir Press, 1992
Klaus, Marshall, J. Kennell著「Parent Infant Bonding」St. Louis：Mosby, 1982年
La Leche League International編「The Womanly Art of Breastfeeding」Franklin Park NY：Interstate Printers and Publishers, Inc., 1997年
Leach,Penelope著「The First Six Months: Getting Together with Your Baby」NY：Alfred A. Knopf, 1987年
Leach,Penelope監修「Your Baby and Child」Penguin Books, 1997年
Leboyer, Frederic著「Loving Hands, The Traditional Art of Baby Massage」London：Collins, 1977年
Montague, Ashley著「Touching」NY：Harper&Row, 1986年
Odent, Michel著「Primal Health, a Blueprint for our Survival」London：Century, 1986年
Schneider, Mclure, Vimala著「Infant Massage: a Handbook for Loving Parents」NY：Bantam Books, 2000(1982)年
Sears, William, Martha Sears著「Everything you Need to Know about your Baby-from Birth to Age Two」Boston：Little, Brown&Co., 1993年／訳書「シアーズ博士夫妻のベビーブック」
Stanway, Penny著「Green Babies」Century, 1990年
Stewart, Mary, Kathy Phillips著「Yoga for Children」London：Vermilion, 1992年
Stewart, Nancy著「Your Baby」London：Hamlyn, 1995年
Thiche, Alan著「How Men Have Babies」Contemporary Books, 1998年
Van de Rijt, Betty, Frans Plooij著「Why they Cry; Understanding Child Development in the First Year」London：Thorsons, 1996年
Walker, Peter, Fiona著「Natural Parenting: a Practical Guide」London：Bloomsbury, 1987年
Winnicott, Donald著「Babies and Their Mothers」London：Free Association Books, 1988年

索引

注：指示がない限りは、
すべて赤ちゃんに関係する語句です。

出版社からの謝辞
ガイア・ブックスは次の方々に感謝いたします。
編集アシスタントをしてくださったSusanna Abbottと校正と索引作成をしてくださったMary Warren。

情報と専門的な助言を提供してくださった、ロンドンのオーモンド・ストリート大病院の小児科医Shamima Owenとロンドンの「Institute of Child Health」の小児医長であり小児神経学の講師をしているRobert Surtees。

この本に掲載されている写真のモデルになってくださった、素晴らしいお母さんと赤ちゃんたち。

著者プロフィール

フランソワーズ・バービラ・フリードマン

ベビー・ヨーガ実践の第一人者として、ロンドンやケンブリッジでは自らさまざまな親子にベビー・ヨーガを教え、ヨーロッパ各地やアメリカ合衆国、カナダのヨーガ・センターではヨーガ・インストラクターたちのトレーニングを行っています。またフランソワーズは、ケンブリッジ大学の医療および社会人類学者で、出産や初期育児の向上を目指して活動している団体「Birthlight」の創設者でもあります。

A Gaia original

ベビー・ヨーガ

発行　2001年7月31日
本体価格　2,600円
発行者　平野　陽三
発行所　産調出版株式会社
〒169-0074 東京都新宿区北新宿3-14-8
ご注文　TEL.03(3366)1748　FAX.03(3366)3503
問合せ　TEL.03(3363)9221　FAX.03(3366)3503

ISBN 4-88282-256-3 C0077

Printed and bound in China

著者　フランソワーズ・バービラ・フリードマン（Françoise Barbira Freedman）

監修者　九島 璋二（くしましょうじ）
医学博士。千葉大学医学部卒。九島産婦人科医院長。東京大学医学部助産婦学校講師。マタニティヨーガ指導者講習会講師。東京助産婦会「自然出産準備研究会」顧問ほかを歴任。

翻訳者　赤星里栄（あかぼしりえ）
1971年東京生まれ。一橋大学社会学部卒。翻訳家。訳書に『サッカー上達マニュアル』『妊婦のためのヨーガ（仮題）』（産調出版）。